"十二五"普通高等教育本科国家级规划教材

医学遗传学实验指导

第4版

主　编　王修海　单长民　杨康鹃　李　莉

编写人员　（按姓氏笔画排序）

王　萍（山东中医药大学）
王修海（青岛大学医学院）
王振华（青岛大学医学院）
朱金玲（佳木斯大学医学院）
刘　爽（佳木斯大学医学院）
李　兰（山东中医药大学）
李　莉（山西医科大学）
杨生玺（青海大学医学院）
杨康鹃（延边大学医学院）
张　喆（青岛大学医学院）
张　静（延安大学医学院）
张子波（延边大学医学院）
张玉萍（佳木斯大学医学院）
张春斌（佳木斯大学医学院）
单长民（滨州医学院）
金　燕（延边大学医学院）
金艳花（延边大学医学院）
赵宝昌（泰山医学院）
殷丽天（山西医科大学）
郭　淼（泰山医学院）
慕明涛（延安大学医学院）
滕　蕾（青岛大学医学院）
霍满鹏（延安大学医学院）

科学出版社

北　京

内 容 简 介

本书是“十二五”普通高等教育本科国家级规划教材《医学遗传学》(第4版)的配套实验教材。全书共分细胞遗传学、生化遗传学、群体遗传学、分子遗传学、临床遗传学五个部分实验内容，共计36个单项实验。编写的实验均采用教学和科研工作中经典、常用、具有先进性的方法和技术。实验方法简明易懂，实用性强。本书在编写中力求体现多样性和多层次性，具有教学可行性，有利于教学内容和方法的改革。

本书可供各类医药院校本科生和研究生使用。

图书在版编目(CIP)数据

医学遗传学实验指导 / 王修海等主编. —4版. —北京：科学出版社，2016.1
“十二五”普通高等教育本科国家级规划教材
ISBN 978-7-03-047096-6

Ⅰ.①医… Ⅱ. ①王… Ⅲ. ①医学遗传学-实验-医学院校-教学参考资料
Ⅳ. ①R394-33

中国版本图书馆CIP数据核字(2016)第012090号

责任编辑：胡治国 周 园 / 责任校对：李 影
责任印制：李 彤 / 封面设计：陈 敬

科学出版社出版
北京东黄城根北街16号
邮政编码：100717
http://www.sciencep.com
北京虎彩文化传播有限公司 印刷
科学出版社发行 各地新华书店经销
*
2001年7月第 一 版 开本：787×1092 1/16
2016年1月第 四 版 印张：7 1/4
2023年1月第十九次印刷 字数：163 000

定价：32.00元

(如有印装质量问题，我社负责调换)

第4版前言

我们编写的《医学遗传学实验指导》(第3版)于2012年1月由科学出版社正式出版发行。本教材已经在各院校使用了四年多时间。由于使用本教材的院校师生对本教材普遍反映较好，使教材用量连年扩大。2015年5月本教材被确定为“十二五”普通高等教育本科国家规划教材。为了适应教材规格的提升，提高本教材的水平，决定对本教材进行第4次修订再版。根据科学出版社的要求，我们重新组织了国内8所医学院校有丰富教学经验的教师承担第4版教材的编写任务。本次再版的教材保持第前3版教材的基本风格，总结吸收前3版教材的成功经验，在实验内容和方法上进行了充实和修改，删除了三个各院校很少使用的实验项目，对保留的有些实验项目的内容进行了修改和补充。使本教材更具有实用性。新教材保留了5个部分共36个单项实验。

本次再版的教材仍然要求达到3个层次的教学要求：既教育部制定的基本教学要求；学生毕业后执业医师资格考试的需求；硕士研究生入学考试的要求。

希望本次再版的教材能对使用本教材的广大师生有所帮助。由于编者水平和经验所限，本教材有不足之处在所难免，敬望广大师生在使用后及时提出宝贵意见，以便我们不断改进和更新。

王修海

2015年7月

第1版前言

医学遗传学是遗传学和医学相结合的一门边缘学科，是现代医学中发展最为迅速的新兴学科之一。它运用遗传学的理论和方法研究人类遗传病的发生机制、传递规律，探索遗传病的诊断、治疗及预防手段。医学遗传学的研究领域非常广泛，涉及细胞学、生物化学、分子生物学、群体遗传学、临床医学等多门学科。其实验研究方法和技术也都和这些学科密切相关。这些实验研究方法和技术在现代基础和临床实践中得到广泛应用。在医学遗传学迅猛发展的今天，通过实验来培养学生基本技术操作的能力是医学遗传学教学不可缺少的一个方面。为了适应《医学遗传学》的实验课的教学要求，我们共同编写了这本教材。

本书是为医学本科学生编写的。它既可配合我们五校合编教材《医学遗传学》的理论教学，又有自己相对的系统性和完整性。本书编入的实验项目较多，各院校在使用本书时应根据教学大纲要求和实验室的设备条件酌情选择实验项目。相关专业研究生也可选择使用。

本书编写的原则是：编写的实验应是教学和科研工作中经典的、常用的、具有先进性的方法和技术。实验方法要求简明易懂，实用性强。所选入的实验方法和实验材料力求体现多样性和不同层次，有利于教学的可行性及教学内容和方法的改革。

本书共分细胞遗传学、生化遗传学、群体遗传学、分子遗传学、临床遗传学五个部分实验内容，共42个单项实验。这些实验项目既有一定的联系，又具有相对的独立性，每一实验项目都能体现其理论意义和实际应用价值。编写的每个实验项目，都对目的要求、实验原理、实验用品和材料、方法和步骤、注意事项等方面作了充分的阐述，并备有附录，供学生参考。

我们希望本书能对使用者有所帮助，但由于水平和经验所限，有不足之处在所难免，敬望广大师生在使用后及时提出宝贵意见，以便不断改进和更新。

王修海

2001年2月

目　　录

绪　言

一、医学遗传学实验课的目的和任务

(1) 实验是科学理论的实践与论证，通过实验，使学生了解医学遗传学知识和理论的由来。通过感性知识，加深对理性知识的理解。

(2) 通过具体的实验操作，使学生掌握医学遗传学的基本实验方法和技能，锻炼学生的动手能力。

(3) 通过实验培养学生观察、比较、分析和综合等科学思维能力，独立工作能力和实事求是的科学作风。

(4) 使学生学习并掌握绘图、书写实验记录和实验报告的基本方法和技巧。

二、医学遗传学实验的程序和要求

(1) 预习：学生在实验课前应认真预习本实验指导以及教材有关章节，必须对该次实验的目的要求、实验内容、基本原理和操作方法有一定的了解。

(2) 讲解：教师只对该实验内容的安排及注意事项进行讲解，让学生有充分的时间按实验指导的顺序进行独立的操作和观察。

(3) 独立操作与观察： 实验一般都由学生独立进行。在实验中要按操作程序反复练习，以达到一定的熟练程度。

(4) 示教：有些实验备有示教。其目的是帮助学生对某些较难的操作过程和观察材料给予演示，学生建立初步认识后，再独立操作，仔细观察。

(5) 作业：实验报告必须根据各人的观察，以实事求是和一丝不苟的精神忠实地记录、分析、综合。不得抄袭教材或其他同学的报告。实验报告一般应于实验结束时呈交。它的形式可因实验内容而不同。

(6) 总结：实验结束后，一般由教师说明该次实验的主要收获及今后应注意的事项。

三、实验室规则和注意事项

(1) 学生上实验课时必须携带教材、实验指导、实验报告纸和文具，进入实验室要求穿好工作服，按规定座位入座。

(2) 实验开始前要检查所用仪器、材料、实验品是否完好齐全，如有缺损及时向带课教师报告，自己不得随意调换仪器和实验用品。

(3) 实验时要遵守纪律，听从教师指导，保持肃静。有问题时举手提问，严禁彼此谈笑喧哗或随意走动，也不得进行和实验无关的其他活动。

(4) 实验时要遵守实验操作规程，严格按照教师的安排和实验指导的要求进行。操作要正规，观察要认真仔细，边做、边看、边想，及时完成实验报告。

(5) 要爱护仪器、标本和器材设备，注意节约实验材料、试剂和水电。如有损坏了仪器或器材应主动报告，说明情况。

(6) 实验结束后，应自觉清理实验台面，认真清理好仪器、试剂及其他用品，放回原处。值日生要负责清扫地面，收拾实验用品，处理垃圾，关好水电门窗后再离开实验室。

(7) 实验课不得迟到、早退或无故缺课。

第一部分　细胞遗传学实验

实验一　减数分裂标本的制备与观察

【实验目的】

(1)掌握小鼠睾丸组织减数分裂染色体标本的制作方法。

(2)掌握减数分裂过程的分期和染色体形态特征。

【实验原理】

减数分裂(meiosis)是二倍体生殖细胞在形成配子时一种特殊的细胞分裂形式，即染色体复制一次，而细胞连续分裂两次，结果使染色体数目减半的过程。研究减数分裂在细胞遗传学的理论和应用上都有重要意义。对人类减数分裂的研究可以阐明一些染色体畸变的根本原因。但人类减数分裂的标本制作比较困难，一方面人类的睾丸或卵巢组织不易获得，另一方面标本制作有一定难度。本实验采用小鼠的睾丸组织，通过睾丸细胞的体外培养以增加减数分裂象，获得分裂指数较高的标本。分裂指数即处于分裂象的细胞占所有细胞的百分比。

【实验用品和材料】

1. 器械　恒温水浴锅、37℃恒温培养箱、水平离心机、显微镜、解剖剪刀、镊子、解剖盘、匀浆管、离心管、培养瓶、冰水载玻片、烧杯、玻璃吸管、酒精灯、试管架、染片架等。

2. 试剂　Hank's 液、RPMI-1640 培养液、小牛血清、青霉素、链霉素、秋水仙素溶液(10μg/ml)、0.075mol/L KCl 溶液、甲醇、冰乙酸、Giemsa 染液。

3. 动物　体重为 25～30g 的雄性小鼠。

【实验内容】

1. Hank's 液配制

(1)A 液：$Na_2HPO_4 \cdot 2H_2O$ 0.6g、KH_2PO_4 0.6g、KCl 4.0g、$MgSO_4 \cdot 7H_2O$ 2.0g、NaCl 80.0g 溶解于 900ml 三蒸水。

(2)B 液：$CaCl_2 \cdot H_2O$ 1.4g 溶解于 100ml 三蒸水，使用时 10 倍稀释，加入 1%酚红溶液(每 1000ml Hank's 稀释液加 2ml 酚红)，高温高压灭菌。

2. 细胞生长培养液配制　RPMI-1640 0.5ml(抽滤灭菌)，小牛血清 0.5ml，青霉素液 100U/ml，链霉素液 100U/ml。用 5mol/L $NaHCO_3$ 液(或 0.1mol/L HCl)调节培养液的 pH 值至 7.2～7.4，装入 10ml 链霉素小瓶内。

3. 标本制作

(1)用断髓法处死小鼠，在解剖盘中剖开腹腔，在无菌条件下剥离睾丸，除去白膜等结构。

(2)取部分睾丸组织，加 3ml Hank's 液匀浆，静置 5min，吸管吸取上层细胞悬浮液。

(3)0.5ml 悬浮液加入培养液小瓶，置 37℃恒温培养箱内培养 24h。

(4) 培养终止前 4h，加入秋水仙素（终浓度 0.2μg/ml 培养液）。

(5) 收获细胞，37℃ 0.075mol/L KCl 溶液低渗处理 15min。

(6) 1000r/min 离心 8min，取沉淀。

(7) 加少许固定液（甲醇：冰乙酸 3：1）固定 30min，滴片，干燥后 Giemsa 染色 8min，冲洗干燥，镜检。

4. 标本观察 先用低倍镜找到细胞分裂象较多的视野，可见有处于不同时期的细胞，首先找出精原细胞有丝分裂中期的分裂象观察、计数，明确小白鼠染色体数目为 40（$2n$=40），形态都为端着丝粒染色体，然后逐步找出减数分裂各期分裂象，用高倍镜（或油镜）仔细观察，着重观察第一次减数分裂的形态变化。

小鼠睾丸组织减数分裂各期的形态特征：

(1) 第一次分裂

1) 前期Ⅰ：此期时间长而且变化复杂，按染色体的形态变化（如图 1-1）又分细线期、偶线期、粗线期、双线期和终变期五个亚期。

a. 细线期（leptotene）：染色体细而长，其上经常有染色粒以固定的距离排列，染色体相互绕成一团，核仁明显。

b. 偶线期（zygotene）：同源染色体配对，也称联会，每对染色体形成一个二价体，染色体形态仍较细长。

c. 粗线期（pachytene）：染色体变得粗短，每一条染色体都由两条染色单体构成，一个二价体由四条染色单体构成，形成四分体，同源染色体间的开始发生交叉，但在形态上难以见到。

d. 双线期（diplotene）：染色体继续缩短变粗，同源染色体开始分离，但不是完全分开，在交叉的部位连在一起。镜下可看到交叉现象，且交叉逐渐端化，因此，可看到染色体形态上呈 X 形、O 形和∝形，核仁显著变小。

e. 终变期（diakinesis）：染色体更粗短，相互排斥而分离，由于四分体间交叉点的位置不同而呈现出“0”、“8”、“X”、“+”等各种形状，核仁、核膜消失，此时染色体最清楚，便于计数。

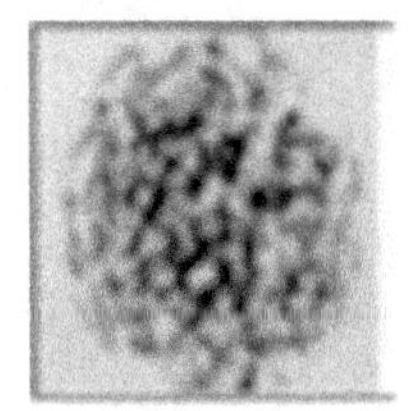
细线期

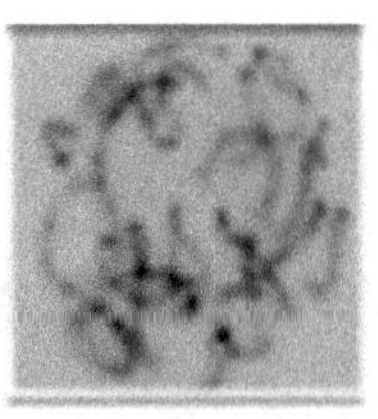
偶线期

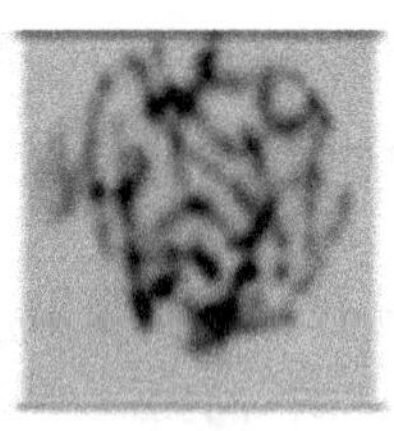
粗线期

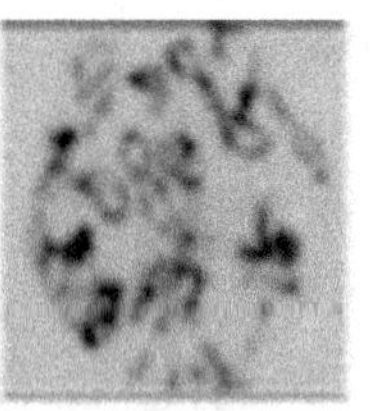
双线期

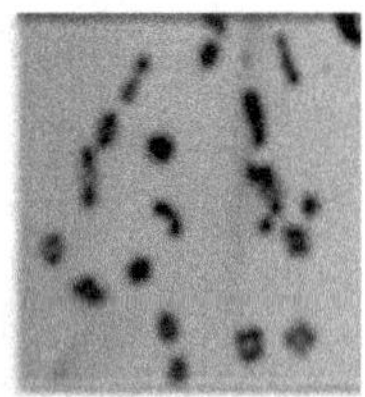
终变期

图 1-1 小鼠睾丸组织减数分裂前期 I 细胞形态

2) 中期Ⅰ：四分体排列于赤道板上。

3) 后期Ⅰ：每个四分体分为两个二分体，并移向两极。

4) 末期Ⅰ：二分体移到两极，分别形成两个细胞核。初级精母细胞细胞分裂成两个次级精母细胞。体积较小，染色体数目为原来的一半。

(2) 第二次分裂：同有丝分裂过程，最后形成四个精细胞。分裂象较小，分裂是以二分体为单位进行的。

1)前期Ⅱ：时间很短或根本缺如。

2)中期Ⅱ：各二分体排列在赤道板上。

3)后期Ⅱ：染色体(二分体)的着丝粒分裂为二，姐妹染色单体分开，形成两个单分体分别移向两极。

4)末期Ⅱ：移向两极的染色体(单分体)分别形成两个细胞核，每个核中含有 n(n=20)个单分体，这样的细胞经过变形，发育成为精子。

【注意事项】

细胞培养时间不能太长，培养超过 24h，分裂指数将大大下降。

【作业与思考题】

(1)实验报告：绘制细线期、粗线期、终变期细胞核图。

(2)什么是减数分裂？减数分裂过程中各期染色体的形态特征有什么特点？

(3)为什么说减数分裂是遗传学三大定律的细胞学基础？

(4)减数分裂有何生物学意义？

(张玉萍　张春斌)

实验二　人类外周血淋巴细胞培养及染色体标本的制备技术

【实验目的】

(1)掌握人类外周血淋巴细胞培养的方法和步骤。

(2)掌握人类外周血淋巴细胞染色体标本制备的方法。

(3)训练在显微镜下观察分析人类染色体的能力。

【实验原理】

在人类染色体研究中，外周血是运用的最多的材料。外周血中的淋巴细胞在体外培养时因受细胞丝裂剂植物血凝素(phytohemagglutinin，PHA)的刺激细胞从 G0 期进入 G1，通过合成蛋白质、RNA 和 DNA 前体物质、DNA 复制、进入有丝分裂期而转化为淋巴母系样幼细胞；再加入纺锤体抑制剂秋水仙素，使增殖的细胞停滞于分裂中期，从而就可制备处于有丝分裂中期的染色体标本。

【实验用品和材料】

1. 仪器设备　洁净工作台(或无菌工作罩、或无菌操作室)、37℃恒温培养箱、电冰箱、鼓风干燥机、恒温水浴锅、离心机、高压消毒锅、分析天平、显微镜、显微照相设备等。

2. 一般用品　培养瓶(15～25ml)或 10ml 青霉素瓶、5ml 消毒注射器(7 号消毒注射针头)、棉花签、止血带、10ml 刻度离心管、毛细管和滴头、试管架、煤气灯、粗天平、50ml 注射器、长注射针头、烧杯、量筒、载玻片、pH 试纸等等。

3. 试剂　肝素(500U/ml)、秋水仙素(50μg/ml)、RPMI-1640、小牛血清、青霉素、链霉素、5% $NaHCO_3$ 溶液、植物凝集素(PHA)、0.075mol/L KCl 溶液、甲醇、冰乙酸、Giemsa 原液、双蒸水、生理盐水等。

【实验方法和步骤】

1. 细胞生长培养液的成分、比例与分装

细胞生长培养液　RPMI-1640　　90%

小牛血清	10%
青霉素	100U/ml（终浓度）
链霉素	100U/ml（终浓度）

用 5mol/L $NaHCO_3$ 液（或 0.1 mol/L HCl）调节培养液的 pH 值至 7.2～7.4。在每个培养瓶（或 10ml 的链霉素瓶）中盛有上述配制好的培养液 5ml，冷冻保存。临用时在 37℃温箱融化。在加入静脉血前先加入植物凝集素（PHA）液 0.2～0.4ml。（以上药品配制后，均需灭菌，混合时要在无菌室或超净台内进行）。

2. 培养及细胞学操作

(1) 采血：先用 5ml 的消毒注射器抽取 0.2～0.3ml 的 500U/ml 肝素，再抽取肘部静脉血 3ml（上下混匀），在无菌操作下立即将注射针直接穿过培养瓶的橡胶塞，向含有 5ml 培养液的培养瓶中注入 20 滴全血（7 号针头），每瓶含 0.3～0.5ml 全血；摇匀后，静置 37℃恒温培养箱。

(2) 秋水仙素处理：在培养后 66～70h 加入秋水仙素。用 4 号注射针头吸取 50μg/ml 浓度的秋水仙素 1ml 向培养瓶内垂直向下滴一滴，混匀，继续放入 37℃恒温培养箱内培养 3h。秋水仙素的最终浓度为 0.07μg/ml。

(3) 收集细胞：将培养瓶内液体混匀后，吸入至 10ml 刻度离心管内，1200r/min、离心 10min，弃上清液。

(4) 低渗处理：加入 37℃恒温箱预热的 0.075mol/L KCl 溶液 8ml，用吸管混匀，放置 37℃恒温水浴箱 25min（每隔 10min 用吸管混匀 1 次）。

(5) 预固定：低渗后加入新配制的固定液（甲醇：冰乙酸=3：1）2ml，混匀后离心 10min。

(6) 固定：加入新配制的固定液 10ml，混匀后静置 20min，离心 10min，弃上清液。

(7) 再固定：加入新配制的固定液 10ml，用吸管混匀，静置 20min 离心 10min，弃上清液。

(8) 制片：视细胞数量多少而加适量固定液制成细胞悬液。用吸管吸取混匀的细胞悬液在离冰片（预先将清洁载玻片放置在 4℃冰箱存放数小时）约 5 寸距离进行滴片，每片 2～3 滴，随即吹气（注意滴片时动作要快，以保证冰片的冰冷程度），吹风机吹干。

(9) 染色：标本用 1：10 Giemsa 染液（pH 7.4 磷酸缓冲液配制），染色 10min。自来水冲洗，吹干后，镜检。

(10) 观察：将制片置于低倍镜下观察，选择染色体分散好，无胞浆背景的中期相，然后换高倍、油镜观察染色体形态，在镜下计数、分组和性别鉴定，并能在镜下准确区分 1、2、3、16、17、18 和 Y 染色体（图 1-2）。

【注意事项】

(1) PHA 是体外淋巴细胞培养成败的关键问题，因此要考虑它的质量和浓度。盐水提取物一般冷冻保存的时间不宜过长，时间长了效价减低。浓度一般用 1%～2%，每毫升培养液加 0.2～0.4ml；浓度过高可能会导致红细胞凝集。

(2) 秋水仙素浓度和处理时间。一般最终浓度每毫升培养液 0.1～0.2μg 为宜，作用时间为 3～5h，一般秋水仙素的浓度与处理时间有一定的关系。如果处理时间太短，则标本中的分裂细胞就少，相反，如果处理时间太长，则标本中的分裂细胞虽多，但其染色体缩得太短，以至形态特征模糊。

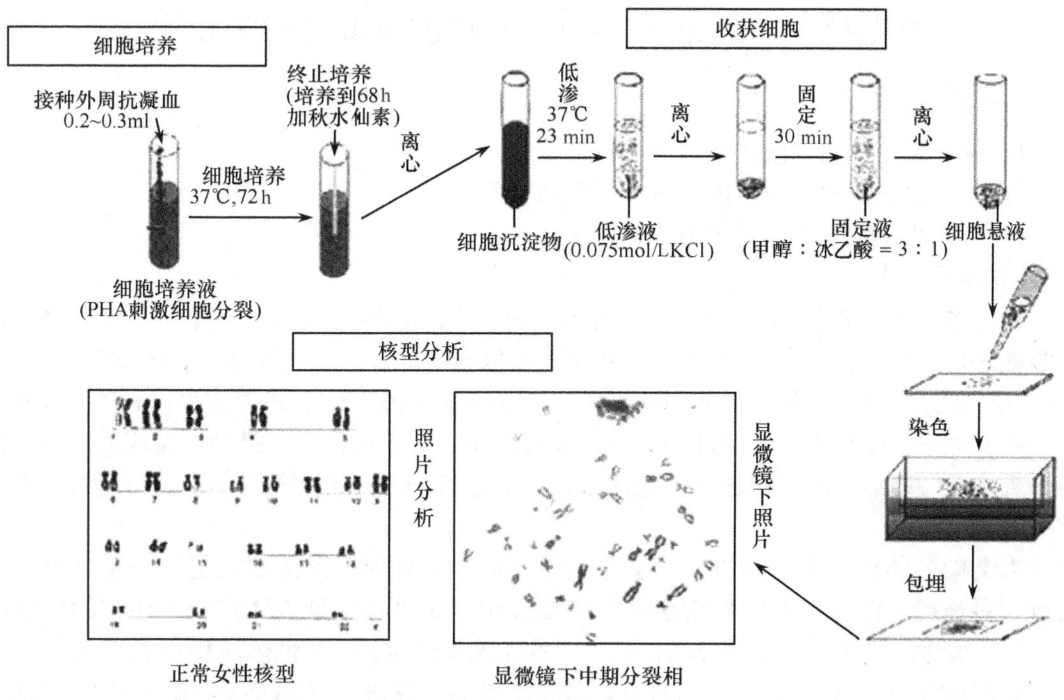

图 1-2　人体外周血淋巴细胞染色体标本制备方法流程图

(3) 培养温度应严格控制在(37±0.5)℃。

(4) 双蒸水必须用玻璃蒸馏器制备，pH 应在 6～7 之间。

(5) 低渗步骤极为重要，关系到染色体分散的好坏，因此低渗液浓度与低渗的时间应掌握适当。

(6) 离心机最好用水平式的，速度不宜过高。速度太高细胞团不易打散，反之分裂象易丢失；若打散不够，则细胞在玻片上易集结。固定液现用现配，固定一定要彻底、均匀。

(7) 若吹打时用力过猛，细胞易破碎，以致染色体数目不完整；培养液的 pH 应掌握在 7.4±0.1，pH 值偏酸发育不良，偏碱时细胞出现轻度固缩。

(8) 玻璃器皿都要十分干净、无酸，所用试剂以分析纯为好。

(9) 操作过程应保持高度无菌概念，严防细菌和病毒污染；在外周血培养中，PHA 对淋巴细胞的作用，个体差异较大。同样方法和条件，分裂象多少及分散情况不一样。因此，若首次失败，应充分考虑到这些因素。

【作业与思考题】

(1) 实验报告：油镜下观察 1 个中期分裂象，计数染色体数目，绘制 1 个中期分裂象简图，将每组染色体的位置和序号标记上。

(2) 制备良好的染色体标本应注意哪些方面？

(3) 在染色体标本制备的过程中为什么要使用秋水仙素和 0.075mol/L KCl 溶液？

（杨康鹃）

实验三 正常人非显带染色体的核型分析

【实验目的】

(1)观察人类中期染色体结构与数目。

(2)了解并掌握常规染色体的分类、分组标准。

(3)掌握非显带染色体的核型分析方法。

【实验原理】

染色体是组成细胞核的基本物质，是基因的载体，是物种的标志。各种生物染色体数目和形态是恒定的，因此对人类染色体的识别，是依据正常人类染色体的固有形态特征和数目进行对照分析，这也是确定和发现染色体异常和染色体畸变综合征的基本手段和诊断基础。

核型是一个体细胞中的全部染色体，按其大小、形态特征顺序排列所构成的图像。核型分析是将待测细胞的核型进行染色体数目、形态特征的分析，确定其是否与正常核型完全一致。

人类染色体核型分析标准是建立于丹佛(Denver)体制。该体制规定每一条染色体可通过相对长度、臂率和着丝粒指数等三个参数予以识别；常染色体按长度递减的次序以1～22号编号，性染色体则称为X和Y。另外人类的46条染色体应根据长度递减顺序和着丝粒位置划分为7个易区分的组，即以字母A～G表示7组染色体，并决定将副缢痕和随体作为识别染色体的辅助指标。非显带的染色体核型分析可以明确将染色体分组并对A组、E组、F组的染色体进行识别，但对其他各号染色体还难以识别。因此，非显带的染色体核型分析是初步的分析，要准确识别各号染色体必须依靠显带染色体核型分析。

【实验用品和材料】

1. 器械 光学显微镜(带有油镜头)。

2. 试剂和材料 二甲苯、香柏油、擦镜纸、染色体分析纸、剪刀、镊子、胶水、尺子。

3. 标本 人类常规染色体的标本、人体中期染色体分裂象照片。

【实验方法和步骤】

1. 人体染色体形态观察 取染色体制片标本，先在低倍镜下选择合适的中期分裂象，然后转换油镜仔细分析观察染色体的形态特征，区分中央着丝粒染色体(M)、亚中着丝粒染色体(SM)、近端着丝粒染色体(ST)，并进行染色体计数。男性：46，XY；女性，XX。为了准确分析染色体核型并进行病历报告，在显微镜下寻找最佳分裂象，进行拍照，扩印，再进行核型分析。图1-3～图1-6是正常男、女非显带照片核型分析结果。

人类染色体核型特点：根据Denven体制，总结各组染色体的特征，并予以分组列号如下：

(1)A组(1～3号)是最大的一组染色体。1号为一对最大的中央着丝粒染色体；2号为最大的亚中着丝粒染色体；3号为中央着丝粒染色体。

(2)B组(4～5号)为两对较大的亚中着丝粒染色体，短臂较短，4号和5号彼此间难以区别。

(3)C组(6～12号、X)为中等大小的亚中着丝粒染色体，它们的大小差不多。识别该组中的最长者(6号)和最短者(12号)十分容易，而其他染色体较难识别。一般而言6、7、

8、11 号染色体的短臂较长；9、10、12 号短臂较短。9 号染色体的长臂有较显著的次缢痕。X 染色体的大小介于 7 号和 8 号染色体之间，一般不能与 C 组中的其他染色体相区分。

图 1-3　中期染色体分裂象(男性)

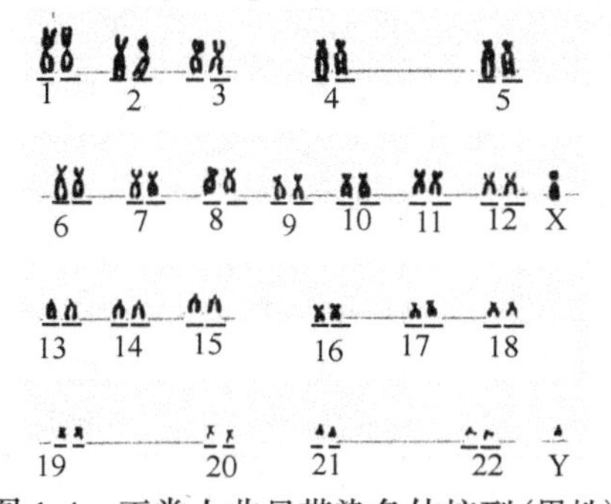

图 1-4　正常人非显带染色体核型(男性)

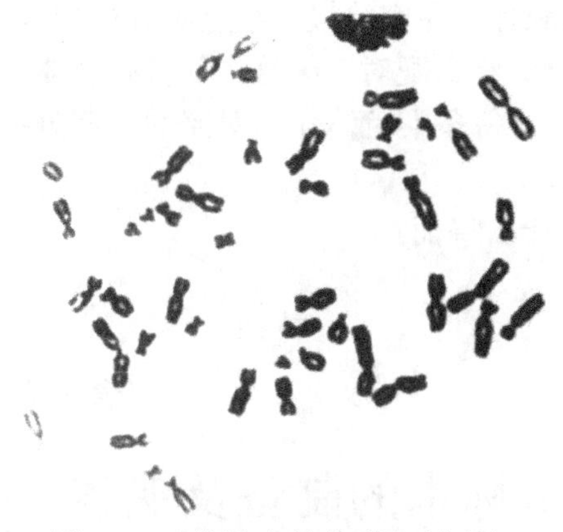

图 1-5　中期染色体分裂象(女性)

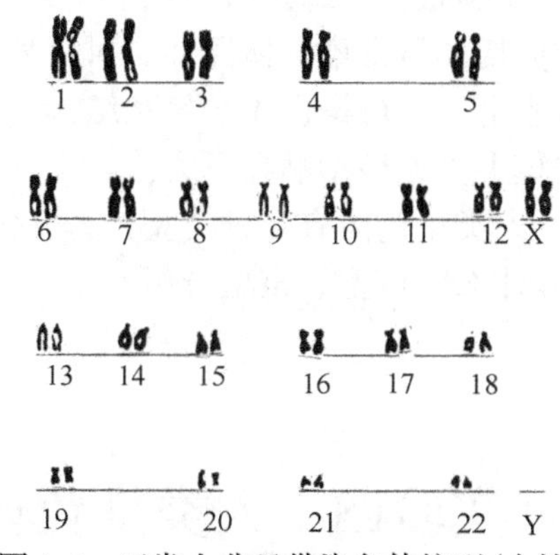

图 1-6　正常人非显带染色体核型(女性)

(4)D 组(13～15 号)为中等大小的近端着丝粒染色体，它们的一个重要的形态特征是随体，随体是一对着色很深的小球，处于短臂的末端，随体与短臂之间的区域很少或全不着色，这正是核仁组织区。

(5)E 组(16～18 号)：16 号为中央着丝粒染色体；17、18 号为亚中着丝粒染色体，17 号的短臂比 18 号短臂长。

(6)F 组(19～20 号)为二对最小的中央着丝粒染色体，彼此间难以区别。

(7)G 组(21～22 号、Y)为最小的一组近端着丝粒染色体，在 21 号和 22 号染色体的短臂上可见到随体。22 号比 21 号要大些，因此把较小的那对染色体作为 21 号，而把较大的另一对染色体当作 22 号。Y 染色体的形态和大小，跟 G 组染色体相似。Y 染色体的识别是不难的，它有以下几个特征：呈现异固缩状态，通常比同一细胞中的其他染色体着色更深些；它的两条染色单体一般不作分叉状，而要比其他染色体(尤其是第 21 号和 22 号染色体)的两条单体更为靠拢，几乎是平行的；在许多细胞中，在其长臂上可见到次缢痕；一般来说，它比第 21、22 号染色体要长一些；没有随体；长臂的端部模糊不清，呈“细毛状”。在人类的所有染色体中，Y 染色体大小的变化范围最大，但来自同一个体的细胞，其大小是十分恒定的。

2. 显微相片核型分析　把正常人中期染色体相片中的每一个染色体剪下来，并粘贴于核型分析表上。各组染色体特征见表 1-1。

表 1-1 分裂中期染色体分组编号和主要形态

组号	染色体号	形态大小	着丝粒位置	鉴别要求
A	1～3	最大	1、3M；2SM	明确区分各号
B	4～5	次大	SM	不与其他组相混
C	6～12+X	中等	SM	6、7、8、11、X 不与 9、10、12 相混
D	13～15	中等	ST	不与其他组相混
E	16～18	较小	16M；17、18SM	明确区分各号
F	19～20	次小	M	不与其他组相混
G	21～22	最小	ST	21、22 与 Y 区别

【作业与思考题】

(1) 实验报告：每人取一张中期染色体分裂象照片，在实验报告纸上画好核型分析板。按要求剪切非显带染色体照片，对每号染色体进行分组、配对、编号，并将染色体贴在核型分析板上。分析染色体数目和结构，写出结论。将每条染色体作为对照的中期分裂象贴在报告单上方，核型贴在下方。

(2) 人类染色体有几种类型？分几组？各组有什么特征？

(3) 什么叫核型、核型分析？

（金　燕）

实验四　人类染色体 G 显带标本的制备及观察

【实验目的】

(1) 了解 G 显带的原理。

(2) 掌握人体染色体 G 显带技术方法。

(3) 熟悉人类各号染色体 G 带带型特征。

【实验原理】

G 显带(G banding technique)是目前使用最广泛的一种染色体显带技术，是指将染色体标本特殊处理后，再用 Giemsa(姬姆萨)染料染色，显示的染色深、浅交替的、恒定的、使不同染色体显示出不同的带型。此技术的意义在于在普通光镜下就能鉴别每对染色体，对诊断某些染色体病起重要作用。

关于 G 显带的机理，目前有多种说法，例如 Giemsa 染料是由噻嗪和曙红组成的，着色时 DNA 先与 2 个噻嗪分子结合，然后再与一个曙红分子结合，形成沉淀物，而 DNA 的某些部位对染料不敏感，由此形成明暗相间的条带。另外有人认为 DNA 分子上结合疏松的组蛋白易被胰蛋白酶等分解掉，则该区段显示浅染带，而与 DNA 牢固结合的组蛋白不易被分解，则该区段显示深染带。用 Giemsa 染色后，这些带的深浅就更清楚。还有人认为染色体本身具有带的结构，用不同方法染色处理，显出来的带不同。一般认为 G 显带使 DNA 分子中含 A、T 多的区段着色深；含 G、C 多的区段不着色则呈浅染带。

G 显带的方法很多，最常用的是将已固定的染色体制片进行预处理，再用 Giemsa 染色。预处理的方法非常多，可用热、碱、各种蛋白酶、尿素等，其中最常用的是胰蛋白酶进行预处理。方法简便，周期短，带纹清晰，标本可长期保存。G 显带区的 DNA 有较丰富的 A-T 对，有相当一部分中度重复序列 DNA 可能在 G 带区，Giemsa 染料在 G 带区的结合与其相应的 DNA 和非组蛋白有关。

【实验用品和材料】

1. 器材　光学显微镜、恒温培养箱、冰箱、烤箱、37℃恒温水浴锅、天平、酒精温度计、60ml 的染色缸、100ml 小烧杯、毛细滴管、刻度吸管(1ml)、滴头、1ml 注射器、4 号注射针头、镊子、吸水纸、玻片。

2. 试剂药品　2.5%胰酶溶液、0.4%酚红溶液、3%三羟甲基氨基甲烷溶液、Giemsa 原液、pH7.4 磷酸缓冲液、0.85% NaCl 溶液、二甲苯。

3. 标本　外周血培养按常规法制作染色体标本(白片)。

【实验方法与步骤】

1. 制片

(1)方法 1：G-带胰酶消化法。

1)外周血培养按常规法制作染色体标本，置 60℃烘箱过夜，或 80℃烘 3h，然后置 37℃烘箱烘 3d 左右，即可开始予处理。

2)0.02%胰酶的配法：取 2.5%胰酶 0.5ml 溶解于 60ml 0.85% NaCl 溶液。将上述 0.02%胰蛋白酶溶液倒入染色缸中，置 37℃水浴，加入 0.4%酚红 2 滴，并以 3%三羟甲基氨基甲烷液调节 pH 为 6.4～6.6(4 号针头，1ml 注射器，45°1 滴)，使颜色为橙色。混匀后，放入 37℃水浴锅，使 0.02% 胰酶液温度升至 37℃。

3)将经过烤片 3d 的片子从 37℃烘箱取出，投入 0.02%胰蛋白酶溶液中，并不断摆动 2.5min 左右。

4)取出自来水冲洗。

5)染色：Giemsa 染液(pH7.4 磷酸缓冲液 5ml+Giemsa 原液 11 滴(毛细滴管)染色 8～10min，水冲洗。

6)空气干燥、镜检。

(2)方法 2：G 带胰酶-EDTA 方法。

1)将保存 5d 的制片置 37℃温箱烤片 2～3h(或 70℃烤 2h)。

2)将烤片投入冰箱预冷的胰酶-EDTA 混合液(临用前，将 0.1% 胰酶液和 0.02% EDTA 溶液按 1∶1 比例混合用 $NaHCO_3$ 调 pH6.8～7 放冰箱保存)中，轻轻摆动 4～10s 左右。

3)在 pH6.8 的磷酸缓冲液中漂洗一次。

4)稀释 Giemsa(1∶10)染液染色 10～30min。

5)去离子水冲洗，空气干燥。

6)显微镜观察。

2. 实验观察　先在低倍镜自上而下，自左至右地选择分散良好，没有染色体重叠，带纹清晰的 5 个 G 带中期分裂象，然后转至油镜下观察，计数染色体数目，根据每号染色体的特征予以鉴别(图 1-7，图 1-8)。

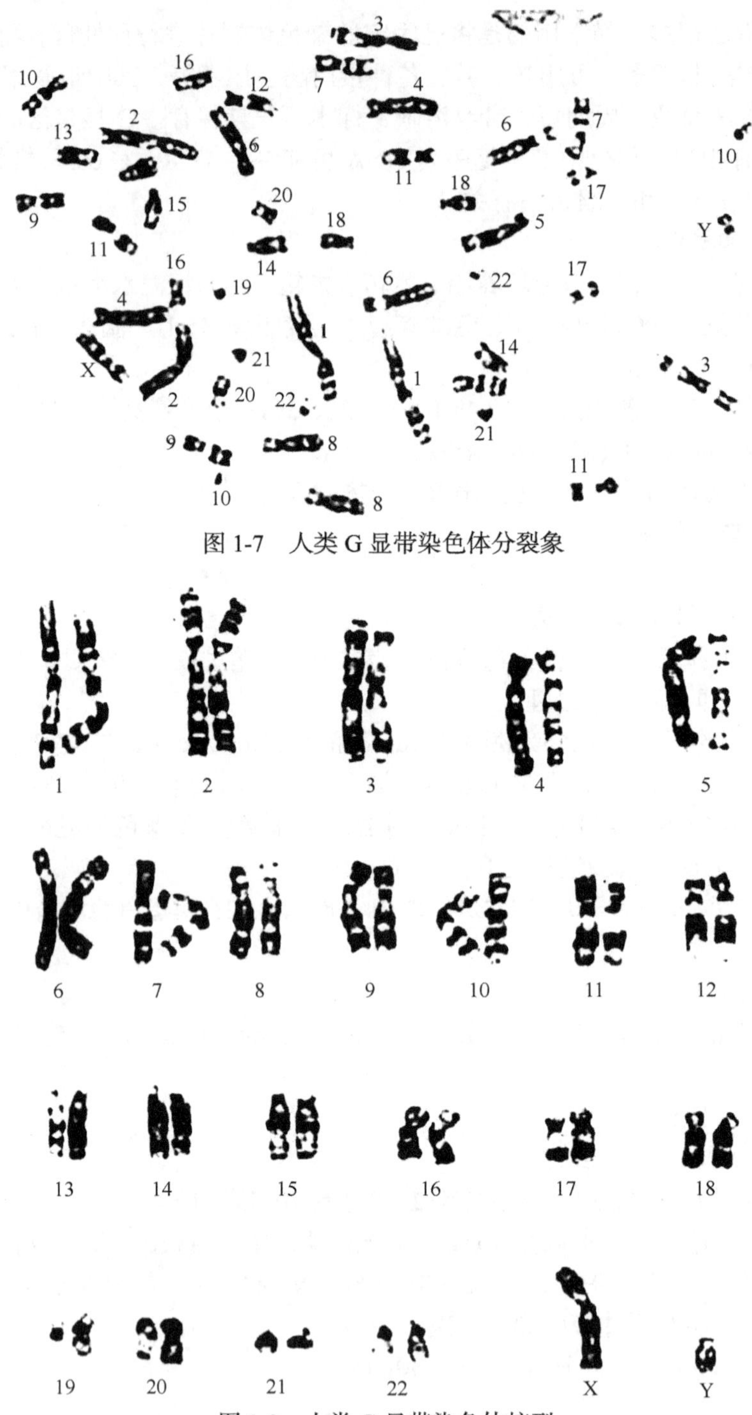

图 1-7　人类 G 显带染色体分裂象

图 1-8　人类 G 显带染色体核型

【注意事项】

(1) G 显带的好坏，首先取决于染色体本身制片的质量，染色体要较长，以早中期为宜，且中期相丰富、分散好，无胞浆背景。

(2) 标本保存时间不宜太长。时间越长，细胞对胰酶处理的抵抗性越强，片龄过长的标本染色后会导致斑点状而非带纹。

(3)胰酶温度和处理时间需控制好，一般胰酶处理时间不少于30S。

【作业与思考题】

(1)实验报告：油镜下观察1个G带中期分裂象，计数染色体数目，绘制1个G带中期分裂象简图，将每号染色体的位置和序号标记上。

(2)要制备出良好的G带标本，操作时需注意哪些问题？

(3)什么叫核型？人类正常核型分几组？各组有什么特征？

（张　静　慕明涛　霍满鹏）

实验五　人类G显带染色体核型分析

【实验目的】

(1)观察G显带染色体的形态结构，掌握人类各号染色体G显带特征。

(2)掌握G显带核型分析方法。

(3)了解几种人类G显带染色体异常与疾病的关系。

【实验原理】

所谓显带技术(banding technique)就是用不同的方法、不同的染料处理染色体标本，使染色体上出现宽窄不同、明暗相间、深浅不同的横纹。将这些横纹称为带(band)。通过显带技术，将人类的24种染色体都显示出独特的带纹，称为带型(banding pattern)。自20世纪70年代显带技术的问世以来，染色体的研究得到了很大发展。在众多的诸如C带、G带、N带、R带、T带、Q带等显带技术中，G带因其方法简单、廉价、易行、带纹在普通显微镜下就可以清晰分辨、标本可以长期保存等原因，成为目前被广泛应用的一种带型。

G带是根据所采用的染色剂的名称(Giemsa 染料)来命名的，其所显示的带纹细腻稳定、在染色体上的分布较为均匀。用胰酶处理染色体标本，再用Giemsa染色，可得到G带。通过G显带染色体的核型分析不仅可以准确识别每一号染色体，还可以发现染色体上微小的结构特征，为基因定位、区域制图、临床染色体病精确诊断和病因研究创造了必要的前提。

【实验用品和材料】

(1)剪刀、镊子、胶水、染色体核型分析实验报告纸。

(2)人类G显带染色体标本片、人类正常G显带染色体照片、人类异常G显带染色体照片。

【实验方法和步骤】

(1)对照下图照片(图1-9)，教师介绍人类G显带染色体核型分析方法；解释帮助学生识别记忆人类G显带染色体核型的歌谣，并逐一讲解各号染色体的G显带带型特征。

(2)学生取人类正常G显带染色体照片一张，根据教师的讲解，按ISCN染色体分类标准，识别照片中的染色体并简单标记，然后用剪刀将染色体沿边缘一条条剪下，粘贴于核型分析实验报告纸上。染色体的剪贴方法同非显带染色体，但需按照染色体的G带特点明确区分每一条染色体，并将染色体正确排列在相应的位置上。

(3)分析核型，写出结论：正常女性 46，XX；正常男性 46，XY。

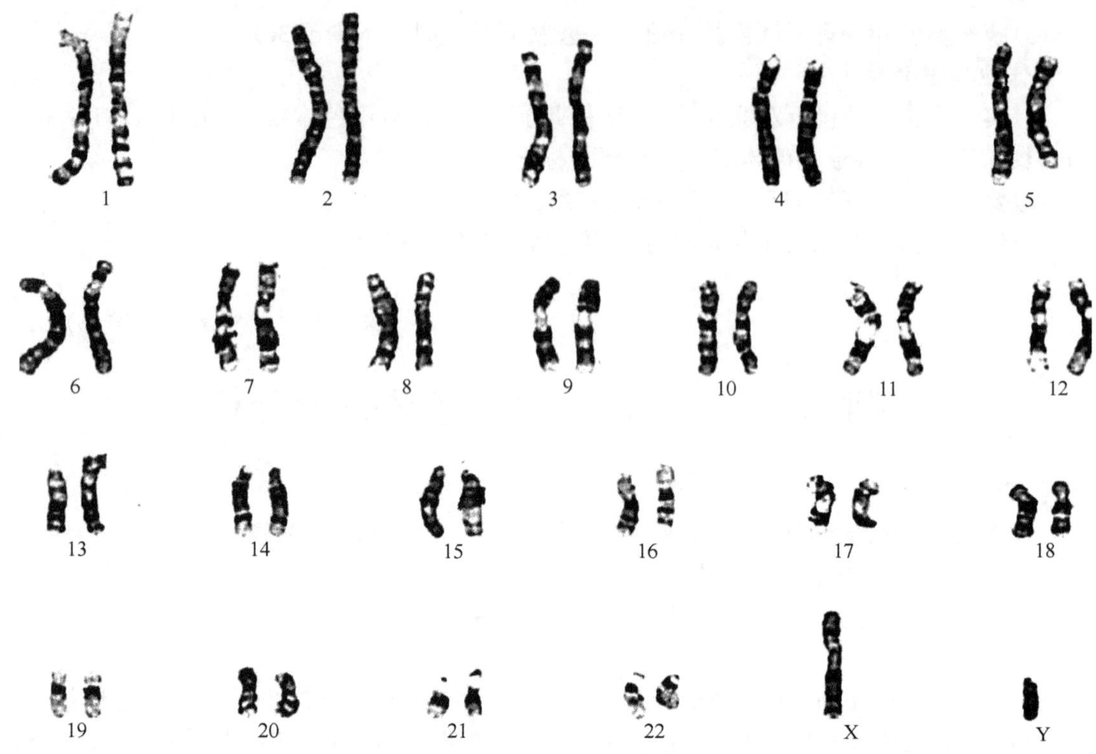

图 1-9 正常男性的 G 显带染色体

附 1：正常人各染色体的 G 带特征及鉴别要点

1. A 组 1～3 号染色体。

(1) 1 号染色体

1) 短臂：近侧段有 2 条深带，第 2 深带稍宽，在处理较好的标本上，远侧段可显出 3～4 条淡染的深带。此臂分为 3 个区，近侧的第 1 深带为 lp21；第 2 深带为 1p31。

2) 长臂：副缢痕紧贴着丝粒，染色浓。其远侧为一宽的浅带，近中段与远侧段各有两条深带，此中段第 2 深带染色较浓，中段两条深带稍靠近，此臂分为 4 个区，副缢痕远侧的浅带为 lp21 号带、中段第 2 深带为 lp31 号带，远侧段第 1 深带为 lp41 号带。

(2) 2 号染色体

1) 短臂：可见 4 条深带，中段的 2 条深带稍靠近，此臂分为 2 个区，中段两条深带之间的浅带为 2 区 1 带。

2) 长臂：可见 7 条深带，第 3 和第 4 深带有时融合。此臂分为 3 个区，第 2 和第 3 深带之间的浅带为 2 区 1 带，第 4 和第 5 深带之间的浅带为 3 区 1 带。

(3) 3 号染色体：在长臂与短臂的近中段各具有 1 条明显的宽的浅带。

1) 短臂：一般在近侧段可见 1 条较宽的深带，远侧段可见 2 条深带，其中远侧 1 条较窄，且着色淡，这是区别 3 号染色体短臂的显著特征。在处理较好的标本上，近侧段的深带可分为 2 条深带，此臂分 2 个区，中段浅带为 2 区 1 带。

2) 长臂：一般在近侧段和远侧段各有 1 条较宽的深带，在处理好的标本上，近侧段的深带可分为 2 条深带，远侧段的深带可分为 3 条深带，此臂分为 2 个区，中段浅带为 2 区 1 带。该染色体的 G 带图有点像蝴蝶结。

2. B组 4～5号染色体。

(1)4号染色体

1)短臂：可见2条深带，近侧深带染色较浅，短臂只有1个区。

2)长臂：可见均匀分布的4条深带，在处理较好的标本上，远侧段的2条深带可各自分为2条较宽的深带。此臂分为3区，近侧段第1和第2深带之间的浅带为2区1带，远侧段两条深带之间的浅带为3区1带。

(2)5号染色体

1)短臂：可见2条深带，其远侧的深带宽且着色浓，此臂仅1个区。

2)长臂：近侧段2条深带，染色较淡，有时不明显，中段可见3条深带，染色较浓，有时融合成1条宽的深带，远侧段可见2条深带，近末端的1条着色较浓，此臂分为3个区，中段第2深带为2区1带，中段深带与远侧深带之间的宽阔的浅带为3区1带。

3. C组 6～12号和X染色体。

(1)6号染色体

1)短臂：中段有1条明显宽阔的浅带，形如“小白脸”，是此染色体的特征，近侧段和远侧段各有1条深带，近侧深带贴着丝粒。在处理较好的标本上，远侧段的深带可分为两条深带。此臂分为2个区，中段的明显而宽的浅带为2区1带。

2)长臂：可见5条深带，近侧1条紧贴着丝粒，远侧末端的1条深带着色较淡；此臂分为2个区，第2和第3深带之间的浅带为2区1带。

(2)7号染色体：着丝粒着色浓。

1)短臂：有3条深带，中段深带着色较淡，有时不明显，远测深带着色浓，形似“瓶塞”。此臂分为2个区，远侧段的深带为2区1带。

2)长臂：有3条明显深带，远侧近末端的1条着色较淡；第2和第3带稍接近。此臂分为3个区，近侧第1深带为2区1带、中段的第2深带为3区1带。

(3)8号染色体

1)短臂：有2条深带，中段有1条较明显的浅带，这是与10号染色体相鉴别的主要特征。此臂分为2个区，中段的浅带为2区1带。

2)长臂：可见3条分界极不明显的深带，此臂分2个区，中段的深带为2区1带。

(4)9号染色体：着丝粒着色浓。

1)短臂：近侧段和中段各有1条深带，在处理较好的标本上，中段可见2条较窄的深带。此臂分为2个区，中段深带为2区1带。

2)长臂：可见明显的2条深带，次缢痕一般不着色，在有些标本上呈现出特有的颈部区。此臂分为3个区，近侧的1条深带为2区1带，远侧的1条深带为3区1带。

(5)10号染色体：着丝粒着色深。

1)短臂：近侧段和近中段各有1条深带，在有些标本上近中段可见2条深带，但与8号染色体短臂比较，其上深带的分界欠清晰。此臂只有1个区。

2)长臂：可见明显的3条深带，远侧段的2条深带稍靠近，这是与8号染色体相鉴别的一个主要特征，此臂分为2个区，近侧段的1条深带为2区1带。

(6)11号染色体

1)短臂：近中段可见1条深带，在处理较好的标本上，这条深带可分为3条较窄的深带。此臂只有1个区。

2) 长臂：近侧有 1 条深带，紧贴着丝粒。远侧段可见 1 条明显的较宽的深带，这条深带与近侧的深带之间是 1 条宽阔的浅带，这是与 12 号染色体相鉴别的一个明显的特征，在处理较好的标本上，远侧段的这条较宽的深带可分为 2 条较窄的深带，两深带之间有 1 条很窄的浅带，一般极难辨认，但它是分区的一个界标，在有些标本上近末端处可见 1 条窄的淡染的深带。此臂分 2 个区，上述远侧两条深带之间的那条很窄的浅带为 2 区 1 带。

(7) 12 号染色体

1) 短臂：中段可见 1 条深带，此臂只有 1 个区。

2) 长臂：近侧有 1 条深带，紧贴着丝粒，中段有 1 条宽的深带，这条深带与近侧深带之间有 1 条明显的浅带，但与 11 号染色体比较这条浅带较窄，这是鉴别 11 号与 12 号染色体的一个主要特征。在处理较好的标本上，中段这条较宽的深带可分为 3 条深带。其正中一条着色较浓，在有些标本上，远侧段还可以看到 1～2 条染色较淡的深带。此臂分为 2 个区，中段正中的深带为 2 区 1 带。

(8) X 染色体：其长度介于 7 号和 8 号染色体之间，主要特点是长臂和短臂中段各有 1 条深带，有“一担挑”之名。

1) 短臂：中段有一明显的深带，宛如竹节状。在有些标本上远侧段还可以看见 1 条窄的着色淡的深带，此臂分为 2 个区，中段的深带为 2 区 1 带。

2) 长臂：看见 3～4 条深带，近中部 1 条最明显，此臂分为 2 个区，近中段的深带为 2 区 1 带。

4. D 组　13～15 号染色体，具有近端着丝粒和随体。

(1) 13 号染色体：着丝粒区深染。

长臂：可见 4 条深带，第 1 和第 4 深带较窄，染色较淡；第 2 和第 3 深带较宽，染色较浓。此臂分为 3 个区，第 2 深带为 2 区 1 带，第 3 深带为 3 区 1 带。

(2) 14 号染色体：着丝粒区深染。

长臂：近侧和远侧各有 1 条较明显的深带。在处理较好的标本上，中段尚看见 1 条着色较浅的深带。此臂分为 3 个区，近侧深带为 2 区 1 带，远侧深带为 3 区 1 带。

(3) 15 号染色体：着丝粒区深染。

长臂：中段有一条明显深带；染色较浓，有的标本上近侧段可见 1～2 条淡染的深带。此臂分为 2 个区，中段深带为 2 区 1 带。

5. E 组　16～18 号染色体。

(1) 16 号染色体

1) 短臂：中段有 1 条深带，在较好的标本上看见 2 条深带，此臂只有 1 个区。

2) 长臂：近侧段和远侧段各有 1 条深带。有时远侧段 1 条不明显，次缢痕着色浓；此臂分 2 个区，中段深带为 2 区 1 带。

(2) 17 号染色体

1) 短臂：有 1 条深带，紧贴着丝粒，此臂只有 1 个区。

2) 长臂：远侧段看见 1 条深带，这条深带与着丝粒之间为一明显而宽的浅带，此臂分为 2 个区，这条明显而宽的浅带为 2 区 1 带。

(3) 18 号染色体

1) 短臂：一般为浅带，此臂只有 1 个区。

2) 长臂：近侧和远侧各有 1 条明显的深带，此臂分为 2 个区，两深带之间的浅带为 2

区 1 带。

6. F 组　19～20 号染色体。

(1) 19 号染色体：着丝粒及其周围为深带，其余为浅带。短臂和长臂均只有 1 个区。

(2) 20 号染色体：着丝粒区浓染。短臂有一条明显的深带，此臂只有 1 个区。

长臂：中段和远侧段看见 1～2 条染色较淡的深带，有时全为浅带。此臂只有 1 个区。此染色体有“头重脚轻”之名。

7. G 组　21～22 号染色体和 Y 染色体，21、22 号有随体。

(1) 21 号染色体：着丝粒区着色淡。其长度比 22 号短，其长臂上有明显而宽的深带。此臂分 2 个区，其深带为 2 区 1 带。

(2) 22 号染色体：着丝粒区染色浓。其长度比 21 号长，在长臂上可见 2 条深带，近侧的 1 条着色浓，而且紧贴着丝粒。近中段的 1 条着色淡，在有的标本上不显现。此臂只有 1 个区。

(3) Y 染色体：其大小应介于 18 号至 21 号之间，不同个体间长度变化大，有时整个长臂被染成深带，在处理好的标本上可见 2 条深带。此臂只有 1 个区。

附 2：人类染色体 G 带歌谣

一秃二蛇三蝶飘，四像鞭炮五黑腰；六号像个小白脸，七盖八下九苗条；
十号长臂近带好，十一低来十二高；十三、四、五一二一，十六长臂缢痕大；
十七长臂带脚镣，十八白头肚子饱；十九中间一点腰；二十头重脚飘飘；
二十一好像黑葫芦瓢，二十二头上一点黑；X 染色一担挑，Y 染色长臂带黑脚。

【作业与思考题】

(1) 实验报告：完成步骤 2、3 中的工作，上交人类染色体核型分析报告一份。

(2) 思考如何正确、快速识别人类 G 显带染色体，归纳总结识别人类 G 显带染色体的技巧。

(3) 试运用人类 G 显带染色体核型分析的相关知识，推断下图（图 1-10）中的 2 例异常 G 显带核型患者可能的表型，并写出核型描述式。

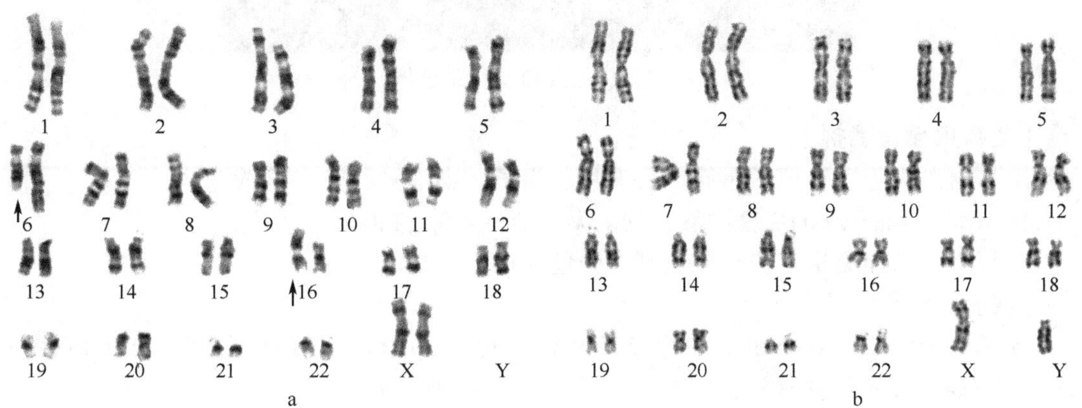

图 1-10　2 例异常 G 显带核型患者染色体

a. 一例女性 6、16 号染色体的相互易位核型；b. 一例男性大 Y 核型

（郭　森）

实验六　人类染色体Q显带技术

【实验目的】

(1) 了解染色体 Q 显带原理。

(2) 掌握染色体 Q 显带技术方法。

【实验原理】

Q 显带技术(Q-banding)是使用荧光素使细胞染色，荧光素能使染色体着色，并在紫外线激发下显示荧光，这种荧光沿着染色体的长度均匀分布，在荧光素中加入烷化剂(常用的荧光烷化剂有氮芥喹吖因 QM 和二盐酸喹吖因 QD)能与 DNA 中的鸟嘌呤反应，同时喹吖因基团插入 DNA 双螺旋，使染色体不同区段呈现亮度不等的荧光。一般富含 AT 碱基的 DNA 区段表现为亮带，富含 GC 碱基的区段表现为暗带。该方法的优点是 Q 带受制片过程和热处理的影响较小，制片效果较好，分类简便，可显示独特的带型，带型鲜明。缺点是由于荧光持续存在的时间很短，必须立即进行显微摄影即标本易褪色，不能做成永久性标本片。另外，必须有荧光显微镜才能进行观察，所以，不能为一般实验室所采用(图 1-11)。

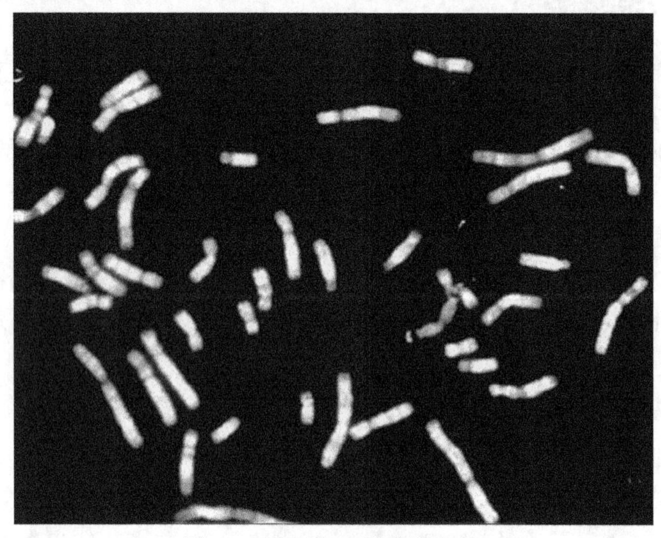

图 1-11　人类 Q 显带染色体

【实验用品与试剂】

1. 器材　吸管、烧杯、量筒、盖玻片、镊子、染液缸、荧光显微镜。

2. 试剂　Macilvaine's 缓冲液、QM 荧光染料(50μg/ml)。

3. 标本　外周血培养按常规法制作染色体标本(白片)。

【实验方法与步骤】

(1) 缓冲液配制：0.1mol/L 枸橼酸溶液 16.47ml 与 0.2mol/L 磷酸氢二钠 3.53ml 配制成 pH7.0 的 Macilvaine's 缓冲液。

(2) 标本制备：常规法制备染色体标本，37℃培养箱内过夜，或用无水乙醇处理数分钟。

(3) QM 染色：标本在 pH7.0 Mcilvaine's 缓冲液内处理数秒。20℃预温的 QM 染液避光染色 20min。缓冲液漂洗 3 次，每次 2min(避光)。

(4) 封片：用盖玻片封存于缓冲液中，周围用指甲油或石蜡封固。

(5) 置荧光显微镜下观察。

【注意事项】

(1) 染色体制片一般放置 3～5d 为宜。

(2) 选用染色体数量较多、分散较好的标本。

(3) 玻片要干净，以减少背景干扰。

(4) 实验中注意避光操作。

【作业与思考题】

(1) 镜下观察人体染色体 Q 带的形态特征。

(2) 染色体 Q 显带的基本原理是什么?

(3) 要制备出良好的 Q 带标本，操作时需注意哪些问题?

（张　静　慕明涛　霍满鹏）

实验七　人类染色体 C 显带技术

【实验目的】

(1) 学习人类染色体 C 显带标本的制备技术、了解 C 显带原理。

(2) 掌握人类染色体 C 显带的带型特征。

【实验原理】

在人类染色体的着丝粒、次缢痕、Y 染色体长臂存在着高度重复序列的 DNA，这些 DNA 与组蛋白紧密结合，因而保护了异染色质免受酸、碱、盐破坏，并易被 Giemsa 深染。如果该区域的 DNA 一旦发生变性，在改变变性条件后，可快速复性，而其他部位的 DNA 被碱破坏变性后，不易发生复性，或复性较慢，因此，不易被 Giemsa 着色。根据这个特点，先用碱溶液处理染色体使其变性，再以 2×SSC 溶液使其复性，以上部位的 DNA 会因被 Giemsa 深染而在染色体上形成特有的着丝粒深染区，因主要是着丝粒(centromere)区域显带，故被命名为 C 带。C 带中，除了着丝粒能显色之外，人类染色体的 1、9、16 号染色体长臂上的次缢痕和 Y 染色体长臂远端也能被深染。

不同的个体和种族中，C 带的大小和染色的强度均表现出不同程度的差异，呈现多态性，故 C 显带技术在多态性研究和鉴别染色体来源等方面具有一定的意义。因此，根据研究需要，可以通过制备 C 带来准确地识别这些目的染色体，并确定相应着丝粒的位置和数目。

【实验用品与材料】

1. 器材　光学显微镜、恒温水浴箱、温度计、立式染缸、镊子、吸管、量筒、烧杯、盖玻片、擦镜纸等。

2. 试剂　0.2mol/L HCl，5%$Ba(OH)_2$，2×SSC 缓冲液，Giemsa 染液，香柏油，70%、80%、95%乙醇溶液和纯乙醇。

3. 标本　常规法制备的人类染色体标本(白片)。

【实验方法与步骤】

1. 试剂配方

(1) 2×SSC 溶液：称取 17.5g NaCl 和 8.8g 枸橼酸钠溶于 800ml 蒸馏水内，用 1mol/L NaOH 溶液调 pH 到 7.0，加水到 1000ml。

(2) 0.01mol/L 的磷酸缓冲液(PBS 液)：称量 0.01 mol/L Na_2HPO_4(M=358.2g) 2.22g，溶于 620ml 蒸馏水；0.01mol/L KH_2PO_4(M=136.09g) 0.35g 溶于 380ml 蒸馏水。将上述两液混匀后用 0.2mol/L HCl 调 pH 值到 6.8 左右，即配成 1000ml 0.01mol/L PBS 液，室温保存。

(3) Giemsa 染液：0.5g Giemsa 染料与 33ml 甘油(丙三醇)、33ml 甲醇混匀，用时与 pH 6.8 的 PBS 液以 1∶9 或者 1∶10 稀释即可。

(4) 5%$Ba(OH)_2$ 水溶液：称取 25g $Ba(OH)_2$，溶于 100ml 蒸馏水中即可。

2. C 带的制备

(1) 方法 1

1) 将染色体玻片置于 0.2 mol/L 盐酸溶液中，常温下处理 15～30min，以除去组蛋白和非酸性蛋白。

2) 自来水冲洗后，再用蒸馏水冲洗数秒。

3) 将经上述处理后的标本浸入预温至 56℃的 5% $Ba(OH)_2$(置于 56℃恒温水浴箱内)溶液中处理 10min。

4) 立即用自来水冲洗，去除钡垢，再用蒸馏水冲洗片刻。

5) 将 $Ba(OH)_2$ 处理过的标本浸入 67℃的 2×SSC 液中处理 1～1.5h。

6) 用蒸馏水冲洗数秒钟。

7) 用 1∶10Giemsa 染液染色 20～30min，自来水冲洗，空气干燥。

(2) 方法 2

1) 将染色体玻片置于 0.2 mol/L 盐酸溶液中处理 1h，自来水冲洗后再用蒸馏水冲洗。

2) 浸入 1%$Ba(OH)_2$ 溶液(50℃) 15～20 秒，取出后水洗。

3) 浸入 60℃的 2×SSC 溶液中温育 1.5h，自来水洗三次。

4) 用 1∶10 Giemsa 染液染色 10min，自来水冲洗，自然干燥。

(3) 方法 3

1) 将未染色的人染色体标本片(白片)放入 56℃的 5% $Ba(OH)_2$ 溶液中处理 10min。

2) 蒸馏水冲洗。

3) 将玻片浸入 60℃2×SSC 溶液中处理 1h。

4) 蒸馏水冲洗。

5) 用 1∶9 的 Giemsa 染液(pH6.8)染色 30～60min。

6) 自来水冲洗，空气干燥，镜检。

3. 镜下观察　将制备好的人类 C 带染色体标本置低倍镜下观察全貌，找到较理想分裂象后转至高倍镜或油镜观察，可见各号染色体着丝粒区深染，1、9、16 号染色体长臂上次缢痕部位和 Y 染色体长臂远端深染。表 1-2。

表 1-2　C 带标本的带型特征

染色体号	着色区大小	其他特征
1	大	从着丝粒伸展至长臂内
2	小	
3～8	中等	
9	大	从着丝粒伸展至长臂内
10	中等	
11	中等	

续表

染色体号	着色区大小	其他特征
12	中等	
13	中等	有时分成两段
14、15	中等	
16	大	从着丝粒伸展至长臂内
17	中等	
18	中等	较 17 号稍大些
19～22	中等	
X	中等	
Y	大	着丝粒上有一较窄的带，长臂的远端有一宽带

【注意事项】

(1)片龄不宜过长，否则影响 C 带质量。

(2)标本片从饱和 $Ba(OH)_2$ 中取出时要迅速投入 0.1mol/L HCL 溶液中，以免 $Ba(OH)_2$ 的沉淀物粘贴在玻片上影响 C 带的观察。

(3)染色浓度及时间不宜过高过长，以免影响 C 带的质量(图 1-12)。

【作业与思考题】

(1)何谓 C 显带？C 带形成的原理是什么？

(2)试述在 C 带染色体标本制作过程应注意的问题？

(3)实验报告：剪贴一张 C 带染色体照片，注意辨认 1、9、16 号及 Y 染色体。

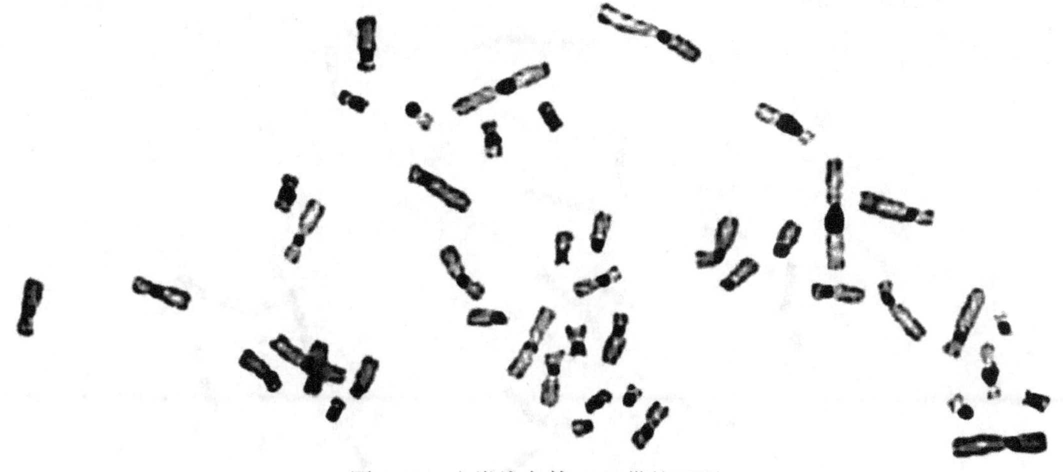

图 1-12　人类染色体 C 显带核型图

（郭　森）

实验八　人类高分辨染色体(HRC)标本片的制备和观察

【实验目的】

(1)了解人类高分辨染色体(high resolution chromosome，HRC)标本的制备原理和方法。

(2) 了解染色体高分辨 G 显带带型特征并观察人类 HRC。

(3) 初步掌握如何获得较长染色体的方法。

【实验原理】

人类有 46 条染色体，利用普通的 G 显带技术在其中 24 条中期染色体上可显示 320 条左右的带纹。20 世纪 70 年代以来，Yunis、Bigger 和 Seabright 等采用细胞同步化等技术获得了大量处于晚前期、前中期和早中期的细长染色体，使人类染色体的显带数目增至 550 条、850 条，甚至 1000 条以上 (图 1-13～图 1-15)，这样就使得人类染色体在光学显微镜下显示出了更明显的特征，该技术称为高分辨显带 (high-resolution banding)。一般来讲，染色体越细长则带纹数越多而丰富，分辨率就越高。带纹越多，越易识别染色体结构上的细微变化，可确定染色体易位 (translocation，t)、缺失 (deletion，del) 和重排 (rearrangement) 的精确位置，提高对染色体病的检出效率，在临床细胞遗传学上该技术有广泛的应用价值。

目前高分辨显带染色体标本制备方法分为两大类：一是同步拦截法 (synchronous intercept method)，即先将细胞同步化 (cell synchronization)，然后再在适当的时间拦截分裂早期的细胞以获得较多的细长染色体；另一类称为阻止收缩法 (block shrinkage method)，即在收获细胞前，向培养液中加入某些药物以阻止染色体的收缩、变短。实践中，这两种方法常被综合采用。

【实验用品与材料】

1. 器械　超净工作台、光学显微镜、擦镜纸、香柏油、37℃恒温培养箱、离心机、离心管、2ml 和 5ml 注射器、7 号注射针头、毛细滴管、无菌培养瓶、恒温水浴箱、载玻片 (冰冻处理)、染色缸、酒精灯。

图 1-13　正常人体染色体高分辨 G 显带

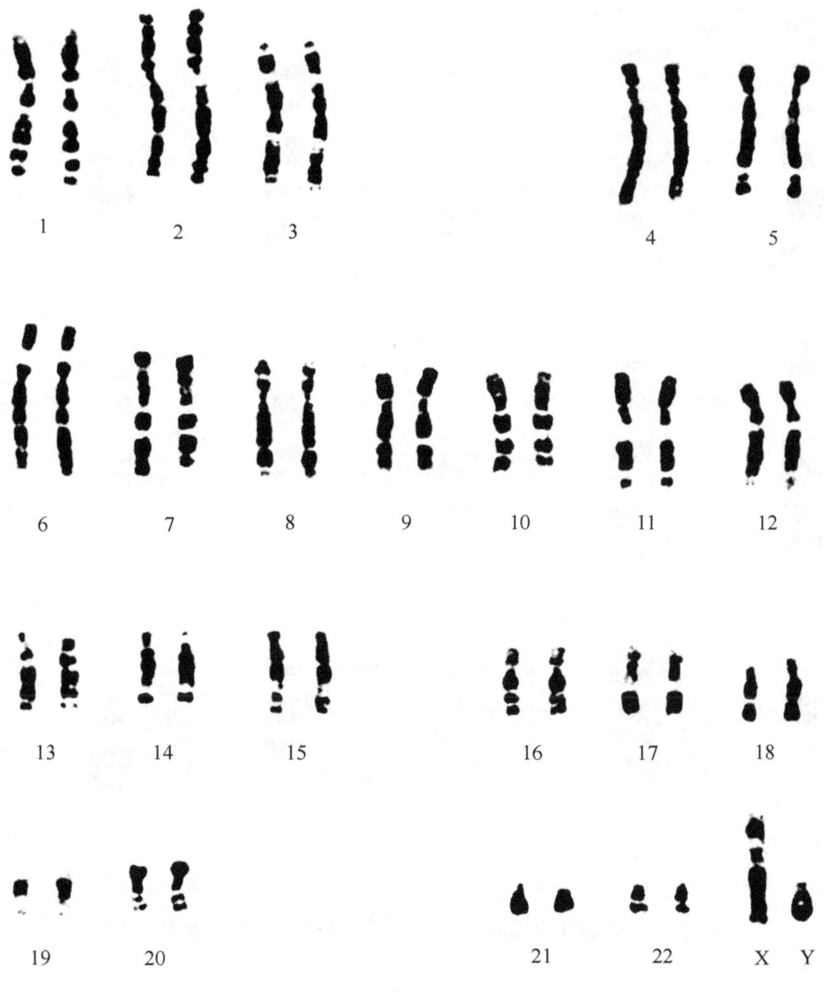

图 1-14　高分辨染色体核型

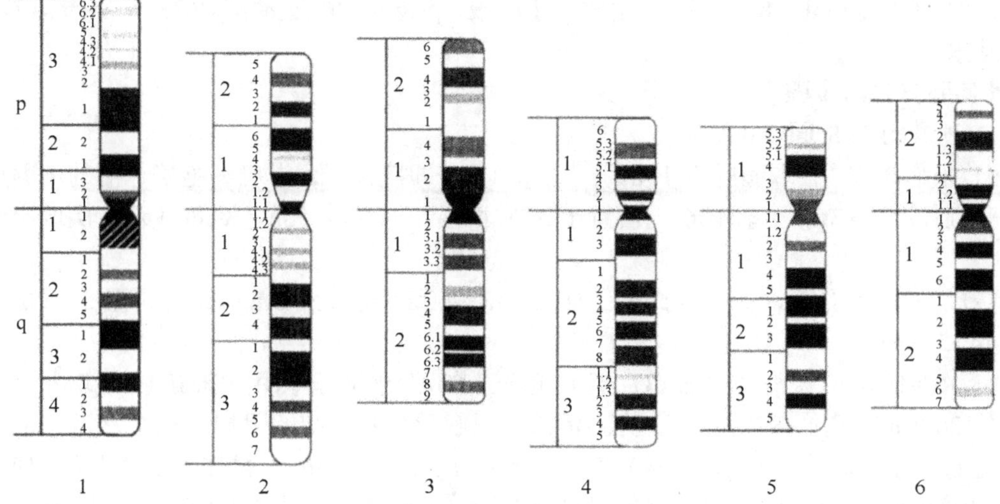

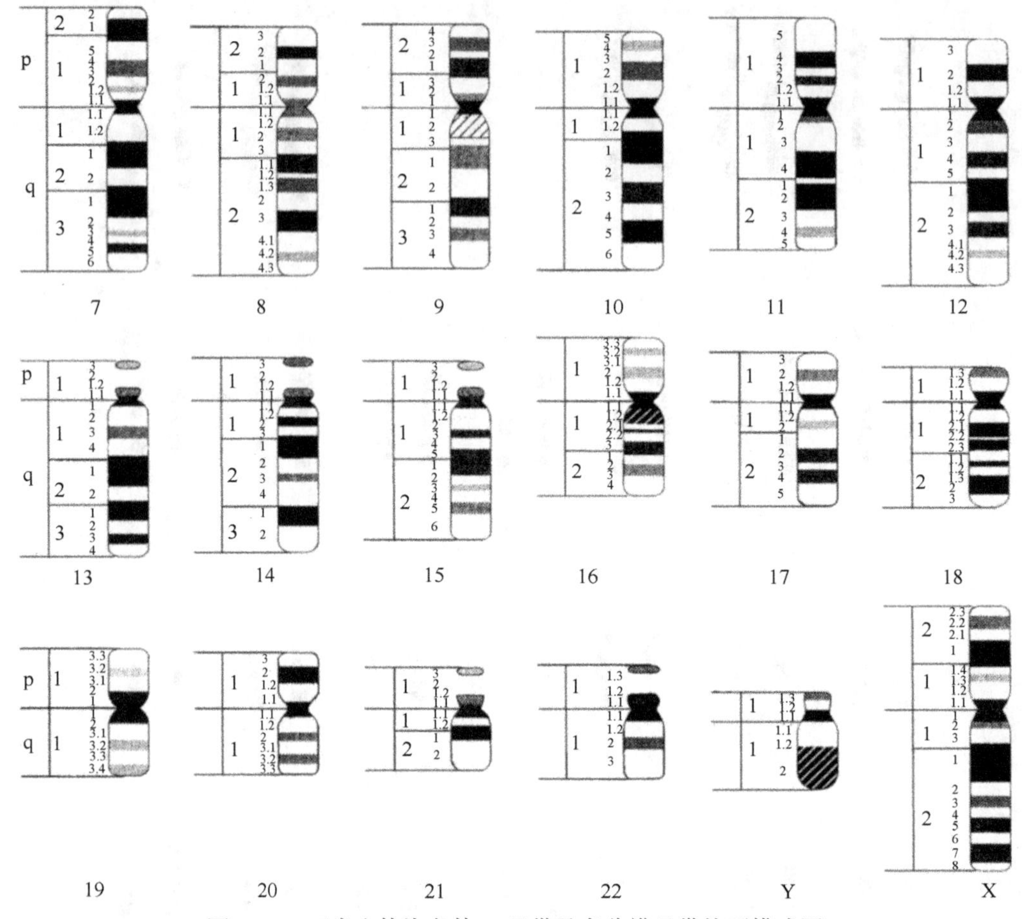

图 1-15 正常人体染色体 G 显带及高分辨显带核型模式图

2. 试剂 胸腺嘧啶脱氧核苷（TdR）、5-溴脱氧尿苷（BrdU）、RPMI-1640、小牛血清、青霉素、链霉素、植物血凝素（PHA）、0.2%的肝素溶液、0.01%秋水仙素溶液、0.25%胰蛋白酶溶液、0.075 mol/L KCl 溶液、甲醇、冰乙酸、pH6.8 磷酸缓冲液（PBS）、Giemsa 染液、生理盐水。

【实验方法与步骤】

1. 过量的 TdR 同步化法

（1）采血培养：抽取静脉血 1ml（肝素抗凝），立即接种于含淋巴细胞培养液的培养瓶中（每瓶加血液约 0.3ml），轻轻摇匀后置于 37℃恒温箱内培养 56h。期间每天 2 次取出轻轻摇匀。

（2）加入过量的 TdR：培养 56h 后加入 TdR 液（终浓度为 0.3mg/ml），再置 37℃恒温箱中培养 15～17h。

（3）RPMI-1640 洗涤并加 BrdU：把上述培养物倒入离心管内用 RPMI-1640 培养液洗涤 2 次，1200r/min 离心 8～10min，弃上清液，以解除胸腺嘧啶的阻抑。经 2 次洗涤的细胞加入含 20%小牛血清的 RPMI-1640 培养液（pH 为 7.2～7.4）5ml，再加入 BrdU 液，使终浓度为 10μg/ml，置 37℃避光培养 5h，最后加秋水仙素（终浓度为 0.1μg/ml）作用 15min。以上步骤均应在无菌条件下操作。

(4)收获制片

1)收集细胞：用吸管将培养物混匀，并吸取培养物冲洗瓶内壁贴附的细胞，将培养物移至刻度离心管中，1000r/min，离心 10min。

2)低渗：吸去上清液，加入 9ml 预热 37℃的 0.075mol/L KCl 低渗液，用吸管吹打均匀，置 37℃条件下低渗 15～25min。

3)预固定：在每管中加入新配制的甲醇-冰乙酸(3∶1)固定液 1ml，混匀，1000 r/min，离心 10min，弃上清液。

4)固定：沿管壁加入甲醇-冰乙酸固定液 10ml，用吸管吹打混匀，室温下静置 20min，1000r/min，离心 10min，弃上清液。

5)再固定：沉淀物中加入甲醇-冰乙酸固定液 10ml，按上述方法吹打均匀，静置 20min，离心，弃上清液，视细胞多少加适量固定液制成细胞悬液。

(5)制片：将上述细胞悬液滴 2～3 滴在洁净预冷的载玻片上，随即吹气，迅速在酒精灯火焰上方烘烤数秒，待干后置显微镜下观察染色体分散情况。

(6)G 显带

1)选片：上述标本应在室温下保存 3～5d，使其老化，以适于显带处理。显带前，在光学显微镜下挑选出分裂指数(divisional index)较高、染色体铺展良好、很少或没有重叠及形态特征清晰的前期、前中期、早中期的核型标本。

2)烤片：置 80～90℃恒温烤箱中烘烤 3h 左右。

3)消化：次日将烘烤过的标本置 37℃水浴预热的 0.02%胰蛋白酶液中消化 1～3min(也可用 0.25%胰蛋白酶液消化 3～15s)，确切时间均应进行试片，自行摸索。

4)漂洗：消化后的标本立即取出，在 0.85% NaCl 溶液(37℃水浴中)中漂洗两次，每次 15s，甩去玻片上多余液体。

5)染色：用 1∶9 Giemsa 染液(Giemsa 原液 1∶pH 6.8 磷酸缓冲液 9)染色 12～15min。镜下观察后确定准确的染色时间，染色过深或过浅均会影响带型的分辨率。经自来水细水冲洗，风干，封片，镜检。

2. 人类高分辨 G 显带染色体标本观察与识别

(1)实验观察：先在低倍镜选择合适的、带纹清晰的高分辨 G 显带分裂象，继而转至油浸镜下观察，根据每号染色体的特征予以区别。

(2)G 带高分辨染色体的识别：高分辨染色体的每一带及其相应的亚带，如按它的着丝粒末端的长度来说，仍保持着恒定的位置(虽然并不全是如此)，在整个细胞分裂象中染色的强度也是相似的。此外，作为鉴别染色体片段的常用标记的某些带仍然是十分显著的。综合地运用染色体浓缩的不同时期中染色体的大小，着丝粒指数和明显的带纹就可逐个识别高分辨显带染色体。每个号数高分辨显带染色体的特征描述如下：

1)第 1 号染色体：按染色体的大小、着丝粒的中央位置和典型的带纹，这是一对最容易识别的染色体。重要的特点包括：短臂远侧部 1/3 着色很浅，而长臂的近着丝粒的异染色质区着色深，变异大小不一(即 q31、q41、q43)，越是靠近末端的带着色越浅。从晚前期到中中期，长臂中部的一个很深染的带(q31)和短臂近侧部片段的一个很深染的带(q21)始终是鲜明的。

2)第 2 号染色体：是最大的亚中着丝粒染色体，短臂上的带纹分布较均匀。在前中期和早中期细胞中，最近侧的深带(p12)很明显。长臂具有一个独特的外形，即近侧区(q1)

是这个染色体着色最浅的片段，而染色体的其他部分则着色甚深。在长臂上，q14 带的两个深的亚带(q14.1 和 q14.3)，它们在晚前期和前中期是成对出现的，且非常明显。同样，这个臂最远侧部的两个深带(q34 和 q36)，在从前中期到中中期的过程中是一个突出的特征。

3)第 3 号染色体：是第二个最大的中着丝粒染色体，而且其两个臂的带纹给人以“对称”的印象。整个来说该染色体的着色是很深，只是在短臂的中部有一明显的浅色区(p21)，在长臂的中部稍靠近着丝粒也有一浅色区(q21)。短臂的末端为圆形且着色深，这是一个典型的特征。

4)第 4 号染色体：是一个大的着色深的亚中着丝粒染色体，长臂上带的分布较为均匀，短臂有一个较大但着色不清晰的端粒，短臂的中部有两个明显的深带(p13 和 p15)，p13 着色更深。长臂上近着丝粒处有一深带(q13)。

5)第 5 号染色体：5 号染色体的大小和着丝粒位置与 4 号相似，短臂中部有一明显深带(p14)，长臂中部 1/3 处有一段深带(q14、q21、q23)，长臂远端有两个明显深带(q32 和 q34)。

6)第 6 号染色体：是一个中等大小的亚中着丝粒染色体。短臂有一个大的浅带(p21)，次带远侧有一深带(p24)，p24 外侧是一个浅带，长臂除中部有一浅带(q21)，其余部分着色都较深。

7)第 7 号染色体：短臂远端为一大的深带，该深带外侧是浅染的端粒。长臂中部有两个大的着色很深的带(q21 和 q31)，长臂远端有两个小的中度着色的带(q33 和 q35)。

8)第 8 号染色体：该染色体染色相当深，其上的带纹不太清楚。短臂上有两个深带，其中 p22 带着色很深。长臂远端 1/3(q23)处有一明显深带。

9)第 9 号染色体：短臂的近着丝粒端有一个相当大的浅带(p13)和两个明显的深带(p21 和 p23)。长臂近着丝粒区(q21)的着色深浅不一，其后有一中度着色的深带(q21)。长臂中央的 q22 为一大的浅带，而长臂远端有两个着色很深的深带(q31 和 q33)。

10)第 10 号染色体：短臂中部一个深带(p12)。长臂的特征明显，有三个分布均匀的深带。

11)第 11 号染色体：短臂是有两个深带(p12、p14)。11 号长臂较易辨认，在近着丝粒区有一很大的浅带(q13)及两个着色很深的带(q14 和 q22)。

12)第 12 号染色体：短臂上一个深带(p12)占据了短臂的大部分。长臂近端有一个浅带(q13)，中央部位有一大块深带(q14、q21、q23)占据长臂的一半。

13)第 13 号染色体：长臂远端比近端着色深，长臂远端 2/3 处为两个深带(q21 和 q31)。

14)第 14 号染色体：长臂近端 1/3 处有两个中度着色的深带(q12 和 q21)，远端为浅染区，但其中有一深带(q31)。

15)第 15 号染色体：该染色体是着色最浅的染色体，基本上没有着色很深的带，长臂远侧一半是浅染的，近端有两个中度着色的带(q14、q21)。

16)第 16 号染色体：此号染色体短臂带型较难辨别，其明显特征是在长臂近着丝粒区有一个大的深带(q11)。

17)第 17 号染色体：用以辨别 17 号染色体的特征有两个：长臂远端有一对深带(q22、q24)，近端有一大的浅带(q21)。

18)第 18 号染色体：该染色体染色很深，在深染的长臂中央有一浅带(q21)。

19）第 19 号染色体：该染色体着色很浅，尤其是其短臂，在其近着丝粒区染色稍深。该染色体甚难辨认。

20）第 20 号染色体：短臂有一个明显的深带（p12），长臂上有两个分布均匀的深带。

21）第 21 号染色体：这是一个很小的染色体，除 q22 以外，其余区域都着色很深。

22）第 22 号染色体：着色浅，着丝粒区深染。

23）X 染色体：短臂中央有一大的深带（p21），长臂近端有一个大的着色很深的带（q21），之后是三个小的中度着色的带（q23、q25、q27）。

24）Y 染色体：着色很深，长臂远端深染区变异很大，较难分辨。

【注意事项】

（1）在细胞培养时一定注意无菌操作。

（2）更换新的培养液时，应将培养液先预温 37℃时再更换。

（3）在同步化培养的后续培养中，如果加 BrdU 的话，则需进行暗培养，可用黑纸包裹或用暗纸盒盛放于培养箱中培养。

（4）掌握好细胞收获时机，以获得分裂早期的较长的染色体。

（5）收获细胞时须注意 0.075mol/L KCl 溶液处理 15min；细胞固定前需要摇匀，固定液应沿管壁一滴一滴加入。

（6）控制好药物作用的浓度和时间，尤其是胰蛋白酶处理的时间需要自行摸索。

【作业与思考题】

（1）镜下观察人类高分辨染色体，按照各自的特征分辨各号染色体。

（2）人类高分辨染色体的形态特征是什么？

（3）人类高分辨染色体标本的制备的主要原理是什么？

（4）简要写出人类高分辨 G 显带染色体标本制备程序。

（5）要制备出良好的人类高分辨染色体标本，操作时需注意哪些关键问题？

（殷丽天）

实验九　人类外周血淋巴细胞姐妹染色单体（SCE）互换技术

【实验目的】

（1）了解 SCE 技术的基本原理及显示技术。

（2）掌握 SCE 染色体的基本特征和 SCE 的记数方法。

【实验原理】

姐妹染色单体交换（sister chromatid exchange，SCE）是指一条染色体的两条姐妹染色单体在相同位置发生同源片段的易位。检测 SCE 率可以反映染色体断裂的频率。当细胞在加有 5-溴脱氧尿嘧啶核苷（BrdU）的培养基中进行分裂时，BrdU 能取代胸腺嘧定核苷酸掺入到新复制的 DNA 核苷酸链中。一般认为这种细胞通过一个细胞复制周期，同一染色体的两条姐妹染色单体中有一条是由单股含 BrdU 的 DNA 链所组成的，而通过第二个细胞复制周期，则会产生双股都含有 Brdu 的姐妹染色单体。这种含有 BrdU 的 DNA 链具有螺旋化程度较低的特性，这样就降低了这条姐妹染色单体对某些染色剂的亲和力，当用 Giemsa 染色时，这种双股都含有 BrdU 的 DNA 链所组成的单体着色较浅，而单股含 BrdU 的 DNA 链所组成的单体着色深。在普通显微镜下可见到两条姐妹染色单体显出深浅不同的颜色（图 1-16）。

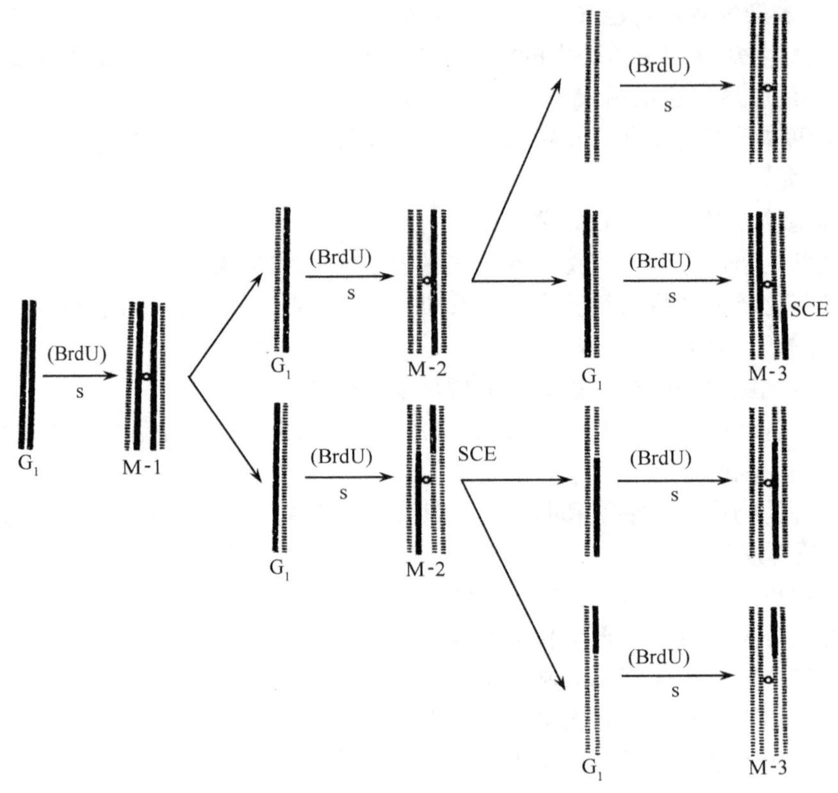

图 1-16 SCE 染色体的实验原理

【实验用品与材料】

1. 器材 水浴锅、离心机、离心管、显微镜、滴管、培养箱、紫外灯。

2. 试剂 2×SSC 缓冲液、Giemsa 染液、2.5mg/ml BrdU。

【实验方法与步骤】

1. 淋巴细胞培养 按常规作全血培养，置37℃恒温培养24h后，加入BrdU（2.5mg/ml），7 号针头 2ml 注射器 45°加 1 滴使每 5ml 培养基中最终浓度为 10μg/ml。避光继续培养 48h，按常规收获细胞，制片。

2. 姐妹染色单体差别染色法 其染色方法有“碱的热溶液处理”和“紫外灯照射诱发”两种，我们这里只介绍紫外灯照射诱发方法。

（1）将制得的玻片老化 2d。

（2）水浴锅温 65～70℃（水温），铁板上的温度为 45℃左右。

（3）玻片放在水浴铁板上，玻片上滴 2×SSC 溶液。

（4）紫外灯照射距离 5.5cm，照射时间 30min。

（5）染色，Giemsa 染液染色 7～8min。

（6）水洗，干后镜检。

3. 观察　在低倍镜下寻找分散较好的中期分裂象，然后换油镜观察，在油镜下选择染色体数目为 46 条的第二期分裂象进行观察计数，凡在染色单体出现交换计为一个 SCE，然后观察一定数量的细胞(20～30 个)的染色体，按以下方法计算个体细胞平均交换数。

$$个体细胞平均交换数 = \frac{交换总数}{细胞数}$$

(1) 在选择中期分裂象时，注意区分各细胞周期的分裂象的染色特点：①染色体的两个单体均为深染的细胞记为第一次分裂周期的细胞。②染色体的两个单体染色一深一浅的细胞为第二次分裂周期细胞。③染色体的两个单体染色都为浅色的细胞为第三次分裂周期的细胞。

(2) 人体姐妹染色单体交换的计数方法：①凡是在染色单体端部出现互换记为 1 次交换。②在染色单体中间出现互换记为 2 次交换。③如果互换发生着丝粒部位记为一次交换(图 1-17)。

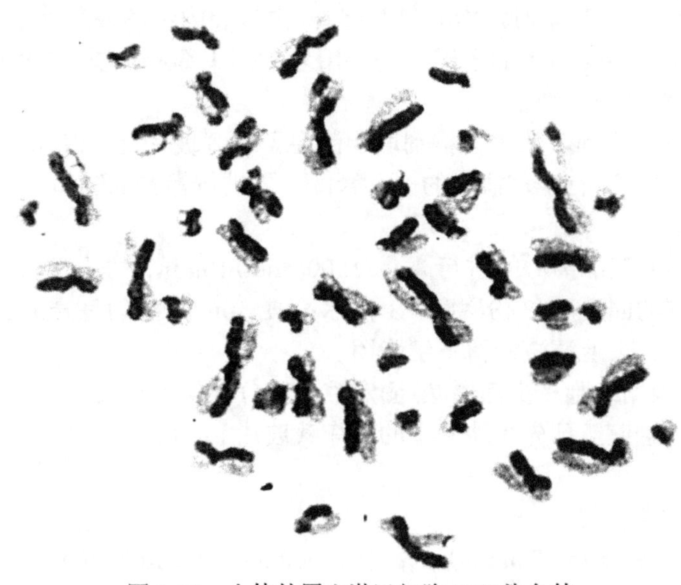

图 1-17　人体外周血淋巴细胞 SCE 染色体

【作业与思考题】

(1) 实验报告：显微镜下观察人体 SCE 染色体，分辨各号染色体的特征。计算个体细胞 SCE 平均交换数。

(2) 说明人体 SCE 染色体的制备原理和方法。

(3) 要制备出良好的人体 SCE 染色体标本，操作时需注意哪些问题?

（张　喆）

实验十　性染色质标本的制备与观察

一、X 染 色 质

【实验目的】

(1) 学习 X 染色质的标本制作。

(2)学习观察 X 染色质，了解其形态特点。

【实验原理】

在间期，女性体细胞中两条 X 染色体中的一条异染色质化。用硫堇染色法可使其着色，本方法的优点是只有细胞核清晰着色，胞浆不着色，因此细胞核背景清晰，利于对位于核膜边缘的 X 染色质的辨认。

【实验用品与材料】

1. 器材　压舌板、离心管、离心机、玻片、染色缸。

2. 试剂　甲醇、冰乙酸、HCl、硫堇、乙醇、巴比妥钠、乙酸钠。

【实验方法与步骤】

1. 取材

(1)先让受检者用水漱洗口腔数次，以尽量除去口腔内细菌或其他杂物。

(2)操作者一手拉住受检查的下唇，一手用牙签钝头部或木质(或金属)压舌板刮取其黏膜部，弃去第一次刮到的细胞。

(3)在同一部位连续刮取数次，将刮取物涂在干净载玻片上，晾干，直接进行标本染色。或者将刮取物涮入装有生理盐水的离心管内，再进行标本的制作。

2. 标本的制作

(1)将装有细胞悬液的离心管进行离心(1500r/min)10min，去上清液，留下细胞团。

(2)加入新配制的固定液(3 份甲醇：1 份冰乙酸)10ml，混匀呈悬液。固定 30min。

(3)离心(同上)，去上清液，留下细胞团。

(4)加入数滴(根据细胞多少而增减)固定液，充分混匀呈悬液。

(5)滴一滴细胞悬液至预先置冰盒中的干净载玻片上，晾干。

3. 标本染色

(1)Klinger 硫堇染色法

1)染色液配制：将硫堇(Thionin)lg 溶于 100ml 的 50%乙醇溶液中，溶解后保存备用。取乙酸钠($3H_2O$)9.714g，巴比妥钠(barbiturate)14.714g，去 CO_2 蒸馏水 500ml 配制缓冲液，再配制 0.1mol/L HCl 液。将硫堇溶液、缓冲液和 0.1mol/L HCl 液按 40：28：32 比例配成工作液，然后调节 pH 至 5.7。0.2μm 滤纸过滤，有色小瓶分袋保存。

2)标本染色：将标本置入 5mol/L HCl 溶液中，室温下水解 20min。在新鲜的蒸馏水中涮洗四次，以充分去 HCl，以免影响染色液的 pH。硫堇染液中染色约 15～20min。先后用蒸馏水，70%、95%乙醇溶液中冲洗，晾干。

(2)吉姆萨染色法

1)染色液配制：吉姆萨染色剂的配制：吉姆萨粉 1g，甘油(AR)66ml，甲醇(AR)66ml。先将吉姆萨粉溶于少量甘油中，用研钵研磨成匀浆，再将全部甘油倒入。放入 56℃温箱中 2 h，取出将甲醇加入混匀，即配成原液，于棕色瓶中密封保存备用。临用时加入 pH 为 6.8 的磷酸缓冲液(V：V=9：1)配成吉姆萨染色剂。

2)标本染色：将标本放入新配制的固定液(3 份甲醇：1 份冰乙酸)中，固定 10min，水冲洗后自然干燥。放入 5 mol/L HCl 溶液(室温 22℃)中水解 20min，自来水细水流轻轻冲洗 30s 以上，以充分去 HCl，以免影响染色液的 pH。晾干后以吉姆萨染色剂染色 5min，自来水冲洗后自然干燥。

4. X 染色质观察

(1)先在低倍镜下找到细胞较集中而又均匀分散的细胞群。

(2)油镜下 X 染色质是位于核膜内侧缘轮廓清楚的浓染小体。其直径约 1～1.5μm。一般呈平凸、圆开、扁平形或三角形(图 1-18)。

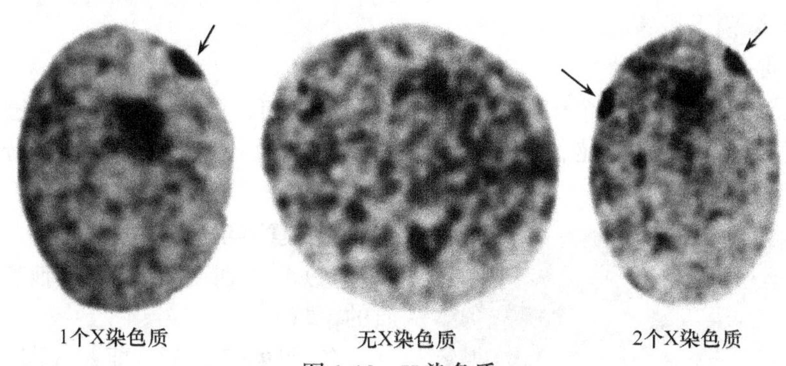

图 1-18　X 染色质

【注意事项】

观察时注意:

(1)避开含有大量细菌的区域，因为有时这些细菌会干扰 X 的观察。

(2)避免与核内其他核质凝集物等混淆。凡位于核中间的浓染小体都不在计数之内。

(3)可计数的细胞，核必须完整，无缺损，无皱褶，核染色均匀。

(4)按上述标准计数 50～100 个细胞，统计性染色质的阳性率。

【作业与思考题】

(1)显微镜下观察人体 X 染色质，绘制 X 染色质图。

(2)说明人体 X 染色质的制备原理和意义。

(3)要制备出良好的人体 X 染色质标本，操作时需注意哪些问题?

二、Y 染 色 质

【实验目的】

(1)学习 Y 染色质的标本制作。

(2)学习观察 Y 染色质，了解其形态特点。

【实验原理】

用荧光染料染色男性间期细胞，可观察到一个亮黄色的荧光小体，这是由 Y 染色体的长臂远端形成的。

【实验用品与材料】

1. 器材　水浴锅、烧杯、玻片、染色缸、荧光显微镜。

2. 试剂　0.5%盐酸米帕林溶液、乙醇、乙醚、Macllvaine 缓冲液。

【实验方法与步骤】

1. 标本取材、制备　同 X 染色质。

2. 标本染色

(1)将玻片标本置 1∶1 乙醇乙醚溶液内固定 15min 以上。

(2) 95%乙醇溶液内处理 30min。

(3) 盐酸米帕林溶液染色 10min。

(4) 水洗，空气干燥。

(5) 标本滴加 1～2 滴 Mcllvaine 缓冲液，封片。

(6) 荧光显微镜下观察。

3. Y 染色质标本观察

(1) 在油浸镜下选择 100 个核膜完整，核质染色均匀，清晰可见的细胞进行计数。

(2) Y 染色质的特点是细胞核中的一个光亮的荧光性小体，直径约 0.25μm，位于核膜内缘或核中其他部位(图 1-19)。

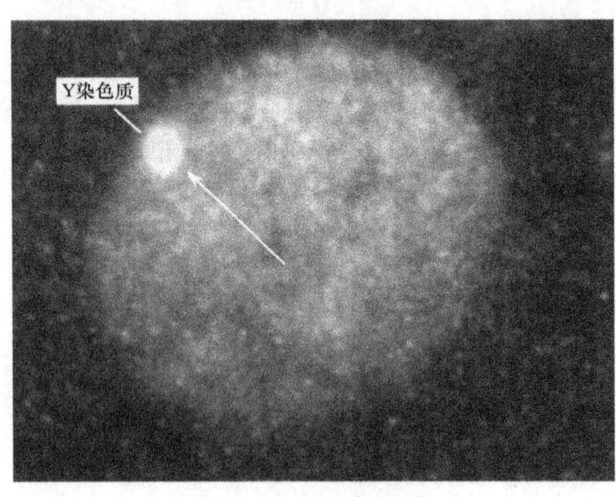

图 1-19　Y 染色质

【注意事项】

(1) 注意避免观察的细胞有任何污染物质的干扰。

(2) 计数细胞时，要避开那些全都发出荧光的细胞。也会看到一些细胞具有发亮的荧光小点，但这类荧光小点的大小，亮度很不一致，这可能是细胞中一些常染色体的荧光带，应该注意加以区别。

【作业与思考题】

(1) 显微镜下观察人体 Y 染色质，绘制 Y 染色质图。

(2) 说明人体 Y 染色质的制备原理和意义。

(3) 要制备出良好的人体 Y 染色质标本，操作时需注意哪些问题?

（张　喆）

实验十一　微核标本的制作

【实验目的】

(1) 了解微核形成的原理。

(2) 初步掌握微核标本的制作技术及其统计方法。

【实验原理】

微核(micronucleus)是指游离于细胞质中，比主核小 1/3 以上的小核。它是细胞分裂中，染色体发生断裂后无着丝粒的断片形成的产物。因为染色体受辐射或某些化学物质的作用引起断裂后，一些无着丝粒的染色体断片，在细胞进入分裂后期时，不受纺锤丝的牵引而滞留在赤道板附近，因此不能随其他染色体移向两极并参与两子细胞核的形成，结果在细胞质中独自形成微核，已经证明它同主核一样都是由 DNA 物质所组成。因此，可以根据细胞质内出现的微核频率来判断某些因素对染色体的损伤效应。

【实验用品与材料】

1. 器材　注射器、烧杯、玻璃珠、玻片、毛细吸管、染色缸、显微镜。

2. 试剂　明胶、瑞氏染液。

【实验方法与步骤】

1. 标本制作　微核测定可用外周血淋巴细胞，大鼠胎肝多染红细胞。现介绍以外周血淋巴细胞检测人体细胞微核率的方法：

(1) 常规消毒采血部位后，采静脉血 1～2ml，注入小烧杯中，然后放入 5～6 颗小玻璃珠并不断摇动烧杯，以除去纤维蛋白。

(2) 将血液吸入离心管中，加入新配制的 3%明胶液，加入量约为血液量的 1/3，轻轻混匀。

(3) 置 37℃温箱中保温 30min，以待红细胞自然下沉。

(4) 吸取上层血浆，移入另一离心管中，离心 (2000r/min) 5min。

(5) 去掉大部分上清液，只留下 2～3 滴血清，用弹指法将血清与其下的细胞团混匀成悬液。

(6) 用毛细吸管吸取细胞悬液一滴滴至干净的载玻片上，用推片法制成薄而均匀的推片标本，每一样本制片 2～3 张。

(7) 待标本干燥后，用 1% 瑞氏染液染色 1min 后，再加等量蒸馏水混匀染液，继续染色 20min。

(8) 蒸馏水冲洗，晾干后镜检。

2. 观察　在油镜下，每一样本选择 1000 个细胞核、细胞胞浆完整的淋巴细胞，检测与主核完全分开，呈圆形或椭圆形，边缘光滑，嗜色性与主核一致，大小为主核的 1/3 以上的小核即微核。一个细胞中不论是出现一个、二个或多个微核均按一个有微核的细胞计算，最后计算微核率(图 1-20)。

【注意事项】

标本也可使用经培养后淋巴细胞，随着淋巴细胞转化和低渗作用，其微核亦随主核膨胀而增大，这与未培养的小淋巴细胞相比，微核易于辨认检出而避免遗漏，从已有的实验结果可以看出，对照组与实验组的培养细胞的微核率远远高于未经培养细胞微核率，因此可以增高检出率。

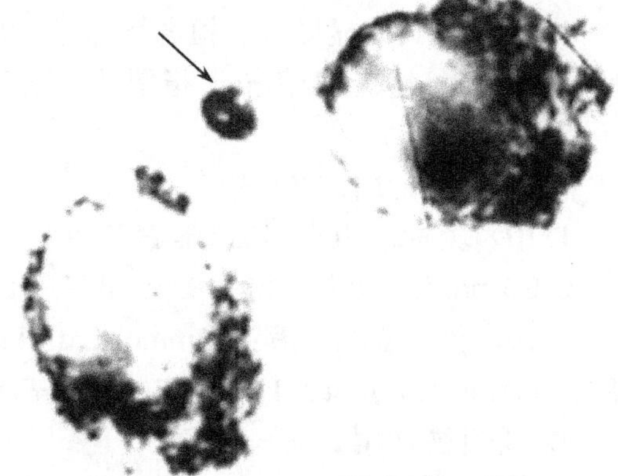

图 1-20　人体淋巴细胞的微核

【作业与思考题】

(1) 显微镜下观察人体淋巴细胞微核，计算微核率。

(2) 说明人体淋巴细胞微核的制备原理和意义。

(3) 要制备出良好的人体淋巴细胞微核标本，操作时需注意哪些问题？

（张　喆）

实验十二　荧光原位杂交技术

【实验目的】

(1) 掌握荧光原位杂交技术的过程。

(2) 熟悉原位杂交技术的原理和应用。

(3) 初步学习利用荧光显微镜观察原位杂交染色体。

【实验原理】

荧光原位杂交(fluorescence in situ hybridization，FISH)是用标记的核酸探针，经非放射检测体系在组织、细胞染色体上对核酸进行定位和相对定量的一种研究手段。其基本过程是首先用生物素标记制备的核酸探针，然后使之与间期核内或染色体上变性为单链的靶DNA 进行原位杂交，再通过荧光标记的生物素亲和蛋白和抗亲和蛋白的抗体作用，使探针杂交区信号放大发出荧光，最后用荧光显微镜检测，通过荧光信号在染色体上的位置和强弱观察判断 DNA、基因或染色体是否有异常。目前，该技术已广泛用于动植物基因组结构研究、肿瘤遗传学的研究等多个领域，在临床医学中基因、染色体异常的检测和研究方面也有了长足的发展。

1. FISH 的优点　直观，是细胞遗传学和分子生物学之间的桥梁；敏感性和特异性高，能发现一部分 G 显带技术不易检测的异常；对样本要求低，如能检测石蜡固定和 Right's 染色标本；检测效率高，实验周期短，能在较短的时间内检测大量细胞；能利用多色 FISH 在同一次实验中同时检测多种核酸序列；既可以在玻片上显示中期染色体数量或结构的变化，也可以在悬液中显示间期染色体 DNA 的结构。

2. FISH 的局限性　染色体异常的检测受限于相应探针的获得；不能达到 100%杂交，特别是在应用较短的 cDNA 探针时效率明显下降；需要昂贵的荧光显微镜和图像分析系统；一次实验只能检测 1 个至多个异常，不能同时对整个基因组的染色体数目、结构异常进行检测。

【实验用品与材料】

1. 器材　荧光显微镜、恒温培养箱、离心机、恒温水浴锅、湿盒、Eppendorf 管、微量移液器、封口膜、染色缸、指甲油、载玻片、盖玻片等。

2. 试剂

(1) 制备探针用试剂

1) 10×缓冲液：0.5mol/L Tris-HCl 溶液 pH 8.0，50mmol/L $MgCl_2$ 溶液，0.5mg/ml BSA 溶液。

2) 0.1mol/L β 巯基乙醇：0.1ml β 巯基乙醇溶解于 14.1ml 双蒸水。

3) 10×核苷酸混合液：0.5mmol/L dATP 溶液，0.5mmol/L dGTP 溶液，0.5mmol/L dCTP 溶液，0.5mmol/L biotin-11-dUTP 溶液，*E.coli* DNA 聚合酶。

(2) 探针变性用试剂

1) 去离子甲酰胺。

2) 杂交缓冲液；4×SSC，20%硫酸葡聚糖溶液(4℃)。

(3) 标本变性用试剂

1) RNase：100μg/ml RNase 溶解于 2×SSC，沸水灭活 DNase。

2) 变性液：70%去离子甲酰胺溶液，2×SSC pH7.0，70%、90%乙醇溶液，100%冰乙醇。

(4) 检测用试剂

1) 洗脱液 A：50%甲酰胺溶液，2×SSC pH7.0。

2) 洗脱液 B：1×SSC。

3) 封阻液：3%BAS 溶解于 4×SSC。

4) 检测混合液：5μg/ml avidin-FITC 溶液，4×SSC，1%BSA 溶液，0.1%Tween-20 溶液。

5) 洗脱液 C：4×SSC，0.1% Tween-20 溶液。

6) 复染液：2×SSC，200ng/ml PI 溶液或 200ng/ml DAPI 溶液。

7) 洗脱液 D：2×SSC，0.05%Tween-20 溶液。

8）抗褪色剂：DABCO 0.233g，双蒸水 800μl，1mol/L Tris-HCl 溶液 pH 8.0 200μl，甘油 9ml。

【实验方法与步骤】

1. 制备染色体标本　染色体标本制备同外周血常规制片法，标本在 70%、90%、100% 的乙醇内各脱水 10min，空气干燥。

2. 制备探针

（1）向 0.5ml 的 Eppendorf 管中加入：

探针 DNA	2μg
DNaseI 工作液	10μl
0.1mol/L β 巯基乙醇	10μl
10×缓冲液	10μl
E.coli DNA 聚合酶	1μl
加双蒸水至 100μl	

（2）该反应管置于 15℃水浴中，2h 后转入冰浴。

（3）取 7μl 反应液，加适量电泳缓冲液，沸水中变性 3min，冰浴骤冷后琼脂糖凝胶电泳。用 pBR322/MspI 酶解片断为标准，探针分子应为 100～500bp。

（4）反应管加入 3μl 0.5mol/L EDTA、1μl 10% SDS 溶液，68℃作用 15min 以终止反应。

（5）SephadexG-50 离心柱纯化探针。

3. 探针变性

（1）用 5μl 去离子甲酰胺溶解探针（使探针浓度为 4μg/ml），充分振荡溶解。

（2）加入 5μl 杂交缓冲液，混匀。

（3）将探针在 75℃恒温水浴中变性 5min，立即置 0℃骤冷 5～10min。

4. 染色体标本变性

（1）显微镜下观察整个标本，找到分裂象最好的区域，标记为杂交区。

（2）在此区域内滴加 100～200μl RNase，盖上盖玻片，湿盒 37℃温育 1h。

（3）2×SSC 洗涤 4 次，依次于 70%、90%、100%乙醇中脱水。

（4）玻片 50～60℃预热，变性液 70℃预热。

（5）玻片置于变性液中变性 2～3min，迅速转入冷 70%乙醇 1min 以洗去变性液。

（6）依次用 70%、90%、100%冰乙醇系列脱水，每次 5min，然后空气干燥。

5. 杂交

（1）将已变性的 DNA 探针 10μl 滴于已变性并脱水的载玻片标本上。

（2）盖上盖玻片，用封口膜（或橡皮泥）封片。

（3）置于湿盒中 37℃过夜杂交（约 15～17h）。

6. 洗片与复染　洗片有助于除去探针的非特异性结合，降低背景。复染有助于杂交信号的放大（适用于使用生物素标记的探针）。

（1）杂交第二天取出标本，置于已预热至 42℃的洗脱液 A 中，晃动洗涤 10～15min。

（2）玻片转入另一洗脱液 A，5min。

（3）重复步骤（1）、（2）2 次。

（4）玻片置 60℃洗脱液 B 中，洗脱 3 次。

（5）用滤纸吸干玻片边缘的液体，加 200μl 封阻液，加盖玻片。

(6) 37℃湿盒温育 30min。

(7) 取出玻片，去掉盖玻片，吸干液体，取 200μl 检测混合液滴加在玻片标本上，盖上盖玻片。37℃湿盒中温育 30min。

(8) 去掉盖玻片，用预温的 42℃洗脱液 C 中洗脱 2 次，每次 5min。

(9) 置玻片于复染液内，染色 15min。洗脱液 D 洗脱 1min。

(10) 取出玻片，自然干燥。加 30μl 抗褪色剂，盖上盖玻片。

7. 封片　可采用不同类型的封片液。如果封片液中不含有 Mowiol（可使封片液产生自封闭作用），为防止载玻片与盖玻片之间的溶液挥发，可将盖玻片周围用指甲油封闭。封好的玻片标本可以在−70～−20℃的冰箱中的暗盒中保持数月之久。

8. 荧光显微镜检测　先在可见光源下找到具有细胞分裂象的视野，然后打开荧光激发光源，根据不同的荧光染料选择不同的激发光和发射光波长及不同的滤光片，见图 1-21。

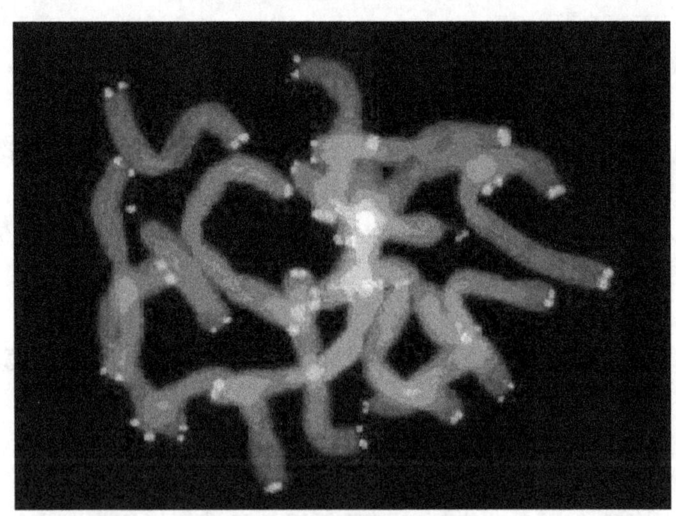

图 1-21　荧光原位杂交染色体

生物素标记的端粒探针（红色荧光），DAPI 标记的 DNA（蓝色荧光）

【注意事项】

(1) 实验过程中，对荧光物质都要采取避光措施。

(2) 样本与探针不要被污染。

(3) 制备探针时最后向 Eppendorf 管加入 *E.coli* 酶。

(4) 试剂每次使用前应充分混匀，应尽量减少反复冻融次数。

(5) 控制好探针和玻片变性的时间和温度。

(6) 洗脱过程中，载玻片不能太干燥，否则背景太强影响观察。

(7) 荧光显微镜观察实验结果时，需要根据不同的染料选择不同的滤片。

【作业与思考题】

(1) 制备人体荧光原位杂交染色体的原理是什么？

(2) 制备良好的荧光原位杂交染色体标本，操作的主要注意事项有哪些？

(3) 荧光显微镜下，怎样分辨人体的各号荧光原位杂交染色体？

（赵宝昌）

第二部分　生化遗传学实验

实验一　细菌抑制筛选技术

【实验目的】

(1)了解 Guthrie 细菌抑制法筛查先天性氨基酸代谢紊乱的原理和用途。

(2)掌握 Guthrie 细菌抑制法筛查苯丙酮尿症的原理和方法。

【实验原理】

细菌抑制法由美国学者 Guthrie 于 1961 年创立。其原理是某种特异的营养缺陷型细菌要有某种氨基酸等底物存在时才能正常生长，若用特异代谢拮抗物来对抗相应的氨基酸，则细菌的生长就会受到抑制。若在培养基上放上含有某种氨基酸或其代谢物的浸血滤纸片，当该氨基酸或其代谢物在血中的含量大到足以克服拮抗物对其的对抗作用，细菌又可正常生长。

Guthrie 细菌抑制法早已成为筛查苯丙酮尿症的最普遍的方法。苯丙酮尿症是所有先天性氨基酸代谢紊乱中最常见的疾病之一。因患者体内苯丙氨酸转变为酪氨酸时酶系统损害或缺陷，结果苯丙氨酸及其旁路代谢产物苯丙酮酸等积蓄在血液和脑脊液中。血中游离的苯丙氨酸含量可达 0.91～3.63mmol/L(15～60mg/dl)(正常人仅含 0.06mmol/L 或 1mg/dl)。大量苯丙氨酸及酮酸对婴儿的脑细胞有损害，会严重影响婴儿的智力发育。其中一部分苯丙酮酸由肾脏排出，形成苯丙酮尿症。Guthrie 细菌抑制法用于筛查苯丙酮尿症是基于枯草杆菌的生长会受到 β-2-噻吩丙氨酸的抑制，而这种抑制可被苯丙氨酸逆转。在加入 β-2-噻吩丙氨酸和枯草杆菌芽孢的培养基上，放上待检查的干滤纸血片，血片中的苯丙氨酸扩散到周围培养基中，当血片中的苯丙氨酸的含量能中和 β-2-噻吩丙氨酸的作用时，被抑制的枯草杆菌恢复生长，生长菌斑的直径大小一般与血片中的苯丙氨酸含量成正比，与已知浓度的标准品的菌斑比较，就可半定量分析测定标本中的苯丙氨酸浓度。在滤纸上收集血液样品使向实验室发送标本变得便利，另外可同时处理大量标本，因此，此法特别适合于新生儿筛查。

通过改变培养基中的抑制剂可将此法用于其他先天性代谢病的筛查(见表 2-1)。如可用来筛查枫糖尿症、同型胱氨酸尿症、组氨酸血症、酪氨酸血症、精氨酰琥珀酸尿症、色氨酸血症、赖氨酸血症、缬氨酸血症、半乳糖血症和乳清酸尿症等多种先天性代谢缺陷。此处主要介绍苯丙酮尿症的筛查方法。

【实验用品和材料】

1. 试剂

(1)菌种传代、保存和细菌悬浮液的制备：枯草杆菌 ATCC6633 接种在普通的肉汤培养基上，置于 4℃保存，3 个月接种 1 次，亦可在 60℃干燥成粉末，可置于 40℃下保存 1 年。

表 2-1 其他氨基酸病的细菌抑制实验

氨基酸病	枯草杆菌 Bbl 芽孢No	芽孢悬液 150ml 琼脂	抑制剂或底物	分子量	底物组成摩尔浓度	抑制剂或底物(g/100ml水)	体积(ml)抑制剂或底物溶液/100ml琼脂
苯丙酮尿症(苯丙氨酸)	6633	1.0	β-2-噻吩丙氨酸	171.0	5.9×10^{-3}	0.100	0.50
枫糖尿症(亮氨酸)	6051	0.25	4-氮杂-亮氨酸	206.0	5.9×10^{-2}	0.206	0.90
同型胱氨酸尿症	6633	0.1	*DL*-甲硫氨酸				
(甲硫氨酸)			*DL*-硫代(磺基)腭	180.2	5.9×10^{-3}	0.018	0.17
酪氨酸血症	6051	0.3	*D*-酪氨酸	181.2	5.9×10^{-3}	0.018	0.50
组氨酸血症	6633	0.1	1，2，4-三唑-3-丙氨酸	156.0	5.9×10^{-3}	0.016	0.45
精氨基琥珀酸尿症	J_3	0.2	精氨基琥珀酸钡盐	425.6	5.9×10^{-1}	4.256	0.20

(2)细菌芽孢悬浮液制备：将枯草杆菌先在马铃薯-琼脂培养基上培养 1 天，次日取出纯菌落，接种于马铃薯-琼脂培养基上，在 37℃下培养 1 周后，将培养基斜面上的细菌用 5ml 注射用水洗脱，倾入试管内，置于 65℃水浴中 0.5h，使枯草杆菌成为芽孢。3000r/min 离心 10min，弃去上清，再加入注射用水 5ml，混匀，离心，弃去上清，反复洗涤 3 次，再置于 65℃水浴中 0.5h，使其完全变成芽孢，储于冰箱备用。用时将细菌芽孢液稀释成悬液(在 550nm 处调光密度至 0.53～0.55 为合适)，置于 4℃保存。每次配制 200ml 培养基时加入 2ml 悬液。

(3)培养基质的配制：将 100ml 3%的琼脂于 50～55℃下加热融化，加入已预热至 50～55℃的氨基酸-盐溶液 90ml、10%蔗糖 10ml、0.01mol/L β-2-噻吩丙氨酸 0.3ml、细菌芽孢悬液 2ml。

(4)氨基酸-盐溶液：K_2HPO_4 30.0g，KH_2PO_4 10.0g，NH_4Cl 5.0g，NH_4NO_3 1.0g，Na_2SO_3 1.0g，*L*-谷氨酸 1.0g，*L*-门冬酰胺 1.0g，*L*-丙氨酸 1.0g，$MgSO_4\cdot7H_2O$ 100mg，$MnCl_2\cdot4H_2O$ 10mg，$FeCl_3\cdot6H_2O$ 10mg，$CaCl_2$ 5mg。将以上试剂依次溶于 900ml 蒸馏水中，pH 6.8～7.0。分装成 90ml 一瓶，灭菌备用。

(5)马铃薯-琼脂培养基制备：马铃薯去皮切成薄片(切好放入水中)，每 200g 马铃薯加自来水 1000ml，置于 80℃下浸泡 1h。用纱布过滤，稀释至 1000ml。在 667kPa 压力下灭菌 30min 即成马铃薯浸液。每 100ml 马铃薯浸液加入葡萄糖 2g，琼脂 1.5～2g，在 667kPa 压力下灭菌 30min 备用。

2. 器材 水浴箱、离心机、高压灭菌锅、试管、烧杯、量筒、离心管、吸管、滤纸、打孔器、无菌镊子等。

【实验方法和步骤】

(1)按照卫生部规定的“新生儿采血常规”采取足跟血。清洗双手并佩戴手套；按摩或热敷新生儿足跟，并用 75%乙醇消毒皮肤；使用一次性采血针刺足跟内或外侧，深度小于 3mm，用干棉球拭去第一滴血，取第二滴血；将滤纸片接触血滴，切勿触及足跟皮肤，使血自然渗透至滤纸背面，至少采集三个血斑；将血片置于清洁空气中，避免阳光直射，自然晾干呈深褐色。

(2)在培养基质中加入β-2-噻吩丙氨酸 0.3ml(浓度为 0.01mol/L)。

(3)置于 50～55℃水浴中，加入细菌芽孢(枯草杆菌 ATCC6633)悬浮液 2ml，混匀之，注入放在平桌上的盘中，静置以便凝胶形成。

(4)用打孔器将干滤纸血片打成直径为 6mm 的片。

(5)用无菌镊子将滤纸血片放在琼脂培养基表面(四角落处不放标本)。

(6)在对照位点处，分别加入 0.12、0.24、0.36、0.48、0.73、1.21mmol/L(2、4、6、8、12、20mg/dl)的苯丙氨酸标准液，其量相当于加入在滤纸片上的血量。

(7)加盖，置于 37℃下孵育 12～24h。

(8)观察滤纸血片周围的混浊圆形带，若显示有细菌斑生长，测量其直径并与标准液相比较估计出血中氨基酸浓度。

(9)结果：待检血片苯丙氨酸含量≥0.1mmol/L(4mg/dl)为可疑阳性，原血片复查，苯丙氨酸含量仍≥0.1mmol/L(4mg/dl)，即召回复查。

【注意事项】

(1)采血时间为出生 72h 后，7d 之内，并充分哺乳；对于各种原因(早产儿、低体重儿、提前出院者等)没有采血者，最迟不宜超过出生后 20d。

(2)合格滤纸干血片应为：①每个血斑直径大于 8mm；②血滴自然渗透，滤纸正反面血斑一致；③血斑无污染。

(3)所有试剂、样本应视为潜在的传染源，实验结束应采用高压或消毒液浸泡处理。

【作业与思考题】

(1)实验报告：观察滤纸血片周围的混浊圆形带，测量其直径并与标准液相比较估计出血中氨基酸浓度。

(2)Guthrie 细菌抑制法筛查苯丙酮尿症的基本原理是什么?

(3)Guthrie 细菌抑制法还可用于哪些先天性氨基酸代谢紊乱的筛查?

(4)进行 Guthrie 细菌抑制法筛查苯丙酮尿症，操作时需注意哪些问题?

(王振华)

实验二　显色反应技术

一、三氯化铁显色反应($FeCl_3$实验)

【实验目的】

掌握尿三氯化铁实验检测氨基酸代谢病的原理和方法。

【实验原理】

先天性氨基酸代谢病，由于氨基酸中间代谢缺陷，导致血液中某种氨基酸及其中间代谢物的水平升高，超过肾小管重吸收的能力而从尿中排出，故患者尿中有相应的氨基酸及其代谢产物浓度的增高(溢出性氨基酸尿)。因此，对尿进行检测，是检测氨基酸代谢病的有用的手段。Fe^{3+}可与尿中氨基酸的代谢物酮酸(如苯丙酮酸、羟基苯丙酮酸、支链酮酸、咪唑酮酸等)形成绿色的络合物。如与苯丙酮酸反应时，在酸性条件下，$FeCl_3$ 中的 Fe^{3+}与烯醇式苯丙酮酸反应，生成 Fe^{3+} 与苯丙酮酸烯醇基的蓝绿色螯合物。但一般烯醇式酮酸不太稳定，所以出现的颜色褪色快。磷酸盐对本实验有干扰，应先将其改变成磷酸铵镁沉淀后除去。

【实验用品和材料】

1. 试剂

(1) 100g/L 的 $FeCl_3$ 溶液：称取 $FeCl_3$ 10g，加蒸馏水至 100ml。

(2) 磷酸盐沉淀剂：称取 $MgCl_2$ 2.2g，NH_4Cl 1.4g，浓氨水 2.0ml，加蒸馏水至 100ml。

(3) 浓盐酸。

2. 器材 试管、移液管、离心机、滤纸、吸管等。

【实验方法和步骤】

(1) 取干燥洁净试管 2 支，分别吸取 4ml 正常尿和受检者尿，加入试管中，向两试管各加入磷酸盐沉淀剂 1ml，混匀，静置 3min，如出现沉淀，可用滤纸过滤或离心除去。

(2) 滤液中加入浓盐酸 2～3 滴使其酸化，再加 $FeCl_3$ 溶液 2～3 滴，摇匀，每加 1 滴立即观察颜色变化。

(3) 结果判定：如尿液显蓝绿色并持续 2～4min 不褪色，即为阳性；如不显色或绿色很快消失或出现其他颜色均可报告苯丙酮酸阴性。本实验灵敏度约为 100mg/L，尿液作系列稀释后再测定，可粗略定量。

$FeCl_3$ 可以和不同的酮酸反应，其呈现的颜色有所不同，稳定性也有不同，并且尿中有些药物成分亦可与其反应，产生有一定颜色的复合物，在分析时应予以注意。表 2-2 列举了 $FeCl_3$ 与各种酮酸反应呈现的颜色及与其他一些药物试剂的反应颜色。

表 2-2 尿三氯化铁实验

病名	起反应代谢物	颜色及其变化
苯丙酮尿症	苯丙酮酸、对-羟基丙酮酸	绿色或蓝绿色，反应 1min 时颜色达最深，以后慢慢褪去，变为灰绿色或黄绿色
酪氨酸血症	对-羟基丙酮酸	绿色，迅速褪色
枫糖尿症	支链酮酸	绿色(稳定)、带绿的灰色
组氨酸血症	咪唑丙酮酸	绿色或蓝绿色，出现缓慢，不褪色
尿黑酸尿症	尿黑酸	暂时性蓝色或绿色，高浓度时呈棕色
甲硫氨酸吸收不良症	β-酮丁酸	深紫红色，在 1～2s 内褪成红棕色
酸中毒(糖尿病、有机酸病)	乙酰乙酸	红棕色、樱桃红色
直接胆红素增高(肝炎)	胆红素	蓝绿色(稳定)
其他	3-羟邻氨基苯甲酸、香草酸	立即呈深棕色
		深棕色
药物或毒素	普鲁吗嗪	红色或紫红色
正常尿液	水杨酸	无反应、棕色或乳白色沉淀

【注意事项】

(1) 尿液 pH 值要保持在最适 pH2～3，尿液一定要新鲜，收到标本立即检测。

(2) 本实验干扰因素较多，如服用含酚类药物(如水杨酸制剂)及氯丙嗪等可致假阳性，故实验前应停用此类药物。

(3) 胆红素也可造成假阳性。

(4) 出生 6 周内的小儿不易查出，故以出生 6 周后检查为宜。

【作业与思考题】

(1)实验报告：观察实验尿液颜色变化，将结果填写到实验报告上，分析结果，得出结论。

(2)尿三氯化铁实验检测氨基酸代谢病的基本原理是什么?

(3)尿三氯化铁实验能检测哪些氨基酸代谢病?

(4)进行尿三氯化铁实验检测，操作时需注意哪些问题?

二、甲苯胺蓝斑点实验

【实验目的】

掌握甲苯胺蓝斑点实验法的原理和方法。

【实验原理】

氨基聚糖(过去称为酸性黏多糖)是由重复的二糖单位(氨基已糖和糖醛酸)组成的无分支直链多糖。它与核心蛋白质结合成蛋白聚糖，为结缔组织的主要成分。氨基聚糖的降解是由溶酶体中的一组酶催化的，各种酶作用于不同部位。因此，每一种酶缺乏均可导致降解受阻，从而使氨基聚糖类在各种组织沉积，造成多种损害并伴有氨基聚糖尿，导致黏多糖贮积症(mucopolysaccharidosis，MPS)。缺乏不同的溶酶体水解酶，出现不同的临床症状和不同组成的氨基聚糖尿。氨基聚糖上的酸性基团与甲苯胺蓝作用，在酸性环境下呈紫红色。这是最广泛应用的筛查方法之一。

【实验用品和材料】

1. 试剂

(1)0.2%甲苯胺蓝染液：取 0.2g 甲苯胺蓝先溶于少量丙酮中，然后加蒸馏水至 100ml。

(2)10%乙酸溶液。

2. 器材　2cm×6cm 厚滤纸条。

【实验方法和步骤】

(1)留取晨尿，立即送检。

(2)取 2cm×6cm 厚滤纸条 1 片，在尿中浸湿，取出置室温晾干，然后将滤纸条浸入到甲苯胺蓝试剂中 45s。

(3)取出沥干，然后置 10%乙酸中洗涤 2 次，取出置空气中自然干燥。

(4)应同时作一正常对照，以便比较。

(5)结果分析：阳性结果为在蓝色的背景上呈紫色斑点，若在干燥后，周围出现弱的异染圈亦为阴性。

正常的新生儿可偶尔呈阳性结果。

【作业与思考题】

(1)实验报告：观察(实验尿液)滤纸条的颜色变化，将结果填写到实验报告上，分析结果，得出结论。

(2)甲苯胺蓝斑点实验法检测黏多糖贮积症的基本原理是什么?

(3)进行甲苯胺蓝斑点实验法检测，操作时需注意哪些问题?

(王振华)

实验三　酶活性测定技术

【实验目的】

掌握酶活性测定的基本原理，了解血清肌酸激酶活性测定的原理和方法。

【实验原理】

酶活性的测定主要是通过测定反应物变化速度来进行的，主要有分光光度法和量气法。Duchenne 型肌营养不良（DMD）是 X 连锁隐性遗传病。患者在发病早期就可出现肌酸激酶（creatine kinase，CK）水平增高，因此，CK 的活性可作为 DMD 的诊断指标。血清 CK 可用分光光度法测定。

磷酸肌酸和二磷酸腺苷（ADP）在 CK 的催化下，磷酸肌酸转换成肌酸，伴随一个 ATP 分子产生。ATP 与葡萄糖在己糖激酶（hexokinase，HK）的作用下生成 6-磷酸葡萄糖（G6P）和 ADP，G6P 在 6-磷酸葡萄糖脱氢酶（G6PD）催化下氧化脱氢并水化生成 6-磷酸-葡萄糖酸，伴随着氧化型辅酶 II（NADP）被还原成还原型辅酶 II（NADPH），后者引起 340nm 吸光度的增高，在 340nm 处观测 NADP 还原速率可求出 CK 的活力。另一方面，肌酸经肌酸磷酸激酶催化，通过丙酮酸转变为乳酸的反应而磷酸化。该反应与还原型 NADH 的氧化作用相偶联，后者通过在 340nm 处测定光密度的降低而反应。光密度降低程度反映了酶活性的高低。

【实验用品和材料】

1. 试剂

（1）2mol/L 甘氨酸储存缓冲液（pH 9.0）：溶解 37.5g 甘氨酸和 13.05g $Na_2CO_3 \cdot H_2O$ 于去离子水内。用 0.1mol/L NaOH 或 0.1mol/L HCl 调 pH 至 9.0。用去离子水稀释至 250ml。分装在 20ml 试管内。高压消毒 20min，然后 4℃保存。

（2）0.1mol/L 甘氨酸缓冲液（pH 9.0）：用去离子水稀释 2.5ml 2mol/L 甘氨酸储存缓冲液至 50ml。

（3）标准酶溶液（45～60 Sigma 单位）：将 3.3mg 兔肌酸磷酸激酶（CPK）和 1.0ml 混合人血清混合，振摇混匀。将 0.1ml 悬液与 99.9ml 混合人血清混匀。分装 0.2ml 于试管内，置于–20℃储存。

（4）辅酶混合溶液：在分装的冷的 2mol/L 甘氨酸储存缓冲液（pH 9.0）中，加入下列试剂：11.4mg Sigma NADPNa（一瓶干的 Sigma 试剂用 3.3ml 去离子水配制，置于–20℃保存）、0.91ml Sigma ATP 谷胱甘肽试剂、10.0mg 磷酸丙酮酸和 26.6mg $MgSO_4 \cdot 7H_2O$。混匀，用缓冲液稀释至 10ml。

（5）缓冲液/基质溶液：溶解 43.8mg 无水肌酸于 5ml 0.1mol/L 甘氨酸缓冲液内（pH 9.0）。在 40～50℃水浴中加热至溶解。

2. 器材　试管、吸管、比色杯、分光光度计。

【实验方法和步骤】

（1）在一支 11mm×75mm 试管内混合下列试剂制备反应混合液：0.2ml 血清或血浆标本、1.8ml 盐水（0.85% NaCl 溶液）、1.4ml 辅酶混合溶液和 0.1ml 丙酮酸激酶/乳酸脱氢酶悬液。用一根平头塑料棒充分将其混匀，静置于室温下 15min。

（2）半径为 1cm 的比色杯内加入 1.0ml 反应混合液。再各加入 1.0ml 1mol/L 甘氨酸缓冲液（空白杯）或缓冲基质（测试杯）。用塑料棒混匀。

（3）将空白杯的 OD_{340} 调至读数 0.300。记录零分钟时测试杯的 OD_{340} 读数（E_1）。

（4）整 10min 时，再将空白杯的 OD_{340} 调至读数 0.300。记录测试杯的 OD_{340} 读数（E_2）。

（5）计算

1）从 E_1 减去 E_2 即得 ΔE_{10}。

2）按 Sigma 技术说明所列公式简化以计算酶活性：

$$\frac{\Delta E_{10}\times 溶液体积\times 1000\times 温度校正因子(T.C.)}{消化系统_{340\text{nm}}\times 标本体积\times 时间(\text{min})}$$

即 $\dfrac{\Delta E_{10}\times 2\times 1000\times T.C.}{6.2\times 0.057\times 10}$

即　Sigma 单位$=\Delta E_{10}\times T.C.\times 565$

3）按表 2-3 可代入 $T.C.$。

表 2-3　不同温度的校正因子表

比色杯温度（℃）	校正因子	比色杯温度（℃）	校正因子
20	1.55	29	0.81
21	1.41	30	0.77
22	1.28	31	0.74
23	1.17	32	0.71
24	1.07	33	0.68
25	1.00	34	0.66
26	0.94	35	0.64
27	0.89	36	0.62
28	0.85	37	0.61

【注意事项】

（1）健康人的酶活性一般为 0～12 Sigma 单位。

（2）在早期或症状前的 Duchenne 肌营养不良症患者有时可达 600 Sigma 单位或以上，携带者仅略高于正常人。

（3）其他肌肉疾病的酶活性可能增高，但增高的幅度小，且经治疗后可降低。

（4）可通过酶活性检测而诊断的遗传代谢病还有很多（见表 2-4）。

表 2-4　可通过酶活性检测而诊断的遗传代谢病

疾病	缺陷的酶	采样组织
白化病	酪氨酸酶	毛囊
半乳糖血症	半乳糖-1 磷酸-尿苷转移酶	红细胞
黑蒙性痴呆	氨基己糖酶	白细胞
戈谢病	葡萄糖苷酶	皮肤成纤维细胞
腺苷脱氨酶缺乏症	β 腺苷脱氨酶	红细胞
糖原贮积症Ⅰ型	葡萄糖-6-磷酸酶	肠黏膜
精氨酰琥珀酸尿症	精氨酰琥珀酸裂解酶	红细胞
胱硫醚尿症	胱硫醚酶	肝、红细胞

续表

疾病	缺陷的酶	采样组织
组氨酸血症	组氨酸酶	指甲
枫糖尿症	支链酮酸脱羧酶	肝
苯丙酮尿症	苯丙氨酸羟化酶	肝
酪氨酸血症	对羟苯丙酮酸羟化酶	肝
瓜氨酸血症	精氨酸琥珀酸合成酶	皮肤成纤维细胞

【作业与思考题】

(1)实验报告：用分光光度法测定被检样品，按 Sigma 技术说明所列公式简化以计算酶活性，将测定和计算结果填写到实验报告上，分析结果，得出结论。

(2)血清肌酸激酶活性测定的基本原理是什么?

(3)可通过酶活性检测而诊断的遗传代谢病还有哪些?

(4)进行血清肌酸激酶活性测定，操作时需注意哪些问题?

（王振华）

实验四　蛋白质含量测定技术

【实验目的】

掌握比色法测定蛋白质含量的基本原理和方法，了解血清铜蓝蛋白测定的原理和方法。

【实验原理】

蛋白质的浓度测定，主要是利用蛋白质的物理和化学性质来进行，方法很多。常用的有：凯氏定氮法、双缩脲法、Folin-酚法、考马斯亮蓝法、紫外吸收法和水合茚酮法等。

肝豆状核变性是一种常染色体隐性遗传病。大多数患者血清中运铜血清氧化酶——铜蓝蛋白合成障碍。铜蓝蛋白为血清中氧化对苯二胺(p-phenylenediamine，PPD)的主要氧化酶。它能将 PPD 从无色的还原型氧化成淡紫色的半醌(semiquinone)型。在 530nm 测定所生成的半醌型 PPD 的吸光值。

【实验用品和材料】

1. 试剂

(1)对苯二胺(PPD)：按下列方法重结晶：用沸去离子水制备二氯化对苯二胺饱和溶液。加入活性炭脱色。趁热过滤。将冷却的无色滤液重结晶。结晶物干燥后，置于真空干燥器内避光保存。

(2)0.5%PPD 溶液：在使用前用去离子水制备 0.5%溶液。

(3)0.4mol/L 乙酸缓冲液(pH5.5)：溶解 54.436g $CH_3COONa \cdot 3H_2O$ 于 800ml 去离子水内。用冰乙酸调 pH 至 5.5(约用 3ml)。用去离子水稀释至 1000ml，置于 4℃保存。

(4)0.5%叠氮化钠(NaN_3)溶液：用去离子水制备 0.5%溶液。

2. 实验器材　试管、移液管、pH 试纸、吸管、分光光度计、比色管。

【实验方法和步骤】

(1)取具有玻璃塞的 15ml 试管 2 支，各加入 8ml 乙酸缓冲液。再各加入 0.1ml 血清。

(2)将试管分别标记“空白”和“测试”。

(3)在空白管内加入 1ml 0.5% NaN_3 溶液，混匀。

(4)将 2 支试管置于 37℃水浴内 5min。

(5)各管加入 1ml 0.5% PPD 溶液(预热至 37℃)(加液时间相隔 30s)，混匀。将试管置 37℃ 60min。

(6)测试管内加入 1ml 0.5% NaN_3 溶液，混匀。置于冰浴内 30min。

(7)取出试管。将管内溶液在 530nm 比色。用去离子水调 *OD* 读数至零。如果溶液读数过高，可先用乙酸缓冲液稀释。计算结果时，将所稀释的倍数计入。

(8)计算：$OD_{测试}-OD_{空白}=OD$(单位)。

(9)结果判断：正常儿童值：男 0.47±0.135(0.210～0.760)；女 0.51±0.155(0.300～0.750)。正常成人值：男 0.409±0.091(0.260～0.590)；女 0.41±0.087(0.255～0.647)。纯合子患者的 *OD* 值极低，有的甚至测不出，说明血清铜蓝蛋白浓度极低。杂合子携带者的值为正常值的半数或相等。

【作业与思考题】

(1)实验报告：用分光光度法测定被检样品，按公式计算蛋白含量，将测定和计算结果填写到实验报告上，分析结果，得出结论。

(2)血清铜蓝蛋白测定的基本原理是什么?

(3)进行血清铜蓝蛋白测定，操作时需注意哪些问题?

(滕　蕾)

实验五　双向薄层层析技术

【实验目的】

掌握双向薄层层析技术的原理及分析氨基酸的方法。

【实验原理】

层析技术是一种基于被分离物质的物理、化学及生物学特性的不同，使它们在某种基质中移动速度不同而进行分离和分析的技术。

薄层层析是层析技术的一种，它是把载体均匀地铺在一块玻璃板或塑料板上形成薄层，使样品在此薄层上进行层析分离。基本原理是依据被分离物质在不同的两相中溶解、吸附或其他亲和作用的差异，使混合物中各组分达到分离。

各种氨基酸分子由于分子量及极性的不同，在一定的展开剂作用下，经过双向层析过程可以达到分离的目的。此法对某些氨基酸疾病进行血液或尿液氨基酸分析不仅灵敏而且特异，其中用血浆检测最为灵敏。

【实验用品和材料】

1. 试剂

(1)层析展开剂：第一相为异丙醇∶乙酸乙酯∶丙酮∶甲醇∶异戊醇∶26%氨水∶水=9∶3∶3∶1∶1∶3∶3，pH10；第二相为正丁醇∶丙酮∶异丙醇∶甲酸∶水=9∶4∶4∶1.5∶3，pH1.8；展开剂应用时现配制。

(2) 镉-茚三酮酸化丙酮染色液：称取 0.1g 乙酸镉溶于 10ml 蒸馏水中，加入 2ml 冰乙酸、70ml 丙酮，再加入 500ml 茚三酮，用丙酮稀释至 100ml。

(3) 无水乙醇。

2. 器材　离心机、薄层层析展开仪、离心管、玻璃板或塑料板片基、研钵、涂布器、微量注射器。

【实验方法和步骤】

1. 薄层层析膜的铺制(以一次铺制 12～110cm 薄膜为例)　称取 7g 微晶纤维素和 3g 硅胶 G 放入研钵中混合，逐渐加入 50ml 蒸馏水(含 4%乙醇)，制成适当稠度、均匀而无气泡的糊状物。用涂布器涂于预先水平的工作台面上的片基上。室温下干燥过夜，湿层厚为 0.4mm，干层厚约 0.15～0.18mm，干后用刀片切成所需大小。制成的薄膜应平整、均匀而坚固，其上可用铅笔写字，并一般经多次展开和浸润显色后不剥脱。

2. 乙醇去蛋白血浆的制备　经肝素抗凝的全血，用离心法(1000r/min，10min)制取血浆，1 份血浆加 2 份乙醇，振荡混匀，静止数分钟，离心(1000r/min，15min)，取上清，即得去蛋白血浆。

3. 点样　在薄层层析板的一角，距两缘均为 1cm 处，标划一点，用适宜的微量注射器(10μl)在冷风吹拂下点样，斑点直径为 2mm。

4. 展开　将点样完了的薄层板放入层析展开仪中，搭上滤纸桥，用弓形涤纶膜压上固定，然后将展开仪盖盖上，用铁夹夹紧。用注射器直接注入新鲜配制的展开剂 3ml 进行展开。第一相展开至 10cm 后(1h 左右)，取出置于 50～55℃烘箱中鼓风干燥 30min，再在垂直方向进行第二相展开。溶剂移动距离及干燥时间同第一相。

5. 显色　将层析后的薄膜晾干，放入装满 0.5%镉-茚三酮酸化丙酮染色液的玻璃槽中浸润。在室温下稍放数分钟，再放入 50～55℃的恒温干燥箱中显色 30min。

6. 结果判定　经镉-茚三酮染色后的双向薄层色谱，人血浆中各种氨基酸成分呈圆斑点状排列在层析膜上，除了脯氨酸与羟脯氨酸为淡黄色、甘氨酸与门冬氨酸为橘红色、β-丙氨酸开始略呈紫色外，其他氨基酸均为鲜红色。斑点圆而扩散小，而且各氨基酸斑点的相对位置十分稳定。

一般情况下，依据斑点颜色的深浅就可初步判定血浆中各种氨基酸的含量是否正常，如果所检样品色谱图上某种或某些氨基酸斑点的显色深于标准色谱斑点，即为其含量高于正常值的上限，需进行复查和进一步做定量分析。外标原位扫描定量双向薄层色谱测定氨基酸是比较适用的定量分析法。即在样点的两缘远端，采用一点法或两点法点上外标，再进行亚双向展开，而后在双波长薄层扫描仪上于 510nm 下测得外标斑点及样品中相应的氨基酸斑点的吸收面积值，比较后就可对所需检测的氨基酸进行准确判定。

【注意事项】

在氨基酸筛检图谱的评价中，儿童的年龄是重要的。新生儿和大到 6 个月的婴儿会排泄出比年龄更大一些的儿童和成年人更多量的氨基酸(如甘氨酸、脯氨酸、羟脯氨酸)，较大儿童和成年人排泄量则较恒定。

【作业与思考题】

(1) 实验报告：观察所检样品层析膜上色谱图斑点颜色的深浅和分布，将测定和计算结果填写到实验报告上，分析结果，得出结论。

(2) 双向薄层层析技术的基本原理是什么？

(3) 进行双向薄层层析技术分析氨基酸时，操作上需注意哪些问题？

（王振华）

实验六　糖类定性分析技术

一、尿半乳糖定性实验

【实验目的】

掌握黏液酸实验法检测尿半乳糖的原理和方法。

【实验原理】

当半乳糖代谢的酶发生遗传性缺陷时，导致患者半乳糖转变为葡萄糖缺陷，血液中半乳糖水平升高，可出现半乳糖尿，并逐渐出现氨基酸尿，特别是小分子的氨基酸如精氨酸、丝氨酸、甘氨酸。尿中半乳糖可用黏液酸实验法来测定，即半乳糖在与浓硝酸一起加热时可被氧化成黏液酸，待冷却后，黏液酸即呈白色沉淀析出。

【实验用品与材料】

1. 试剂　浓硝酸。
2. 器材　试管、酒精灯、大烧杯、移液管。

【实验方法和步骤】

(1) 取 3 支干燥洁净的试管，在 1 支试管中加入 5ml 尿液标本，再加入 2ml 浓硝酸。在另 2 支试管中分别用不含糖类的正常尿液作阴性对照，用在正常尿液中加入半乳糖、其含量约为 0.5%的标本作阳性对照。

(2) 将测定管及对照管均放入沸水中加热，至管中液体体积减少至原来的 1/3 为止。此时半乳糖被氧化为黏液酸。

(3) 将各管冷却放置过夜。黏液酸成细的白色沉淀析出。

(4) 与阳性对照作对比，在显微镜下观察其结晶形态。

【作业与思考题】

(1) 实验报告：观察实验样品有无沉淀出现，判断结果，将测定结果填写到实验报告上，分析结果，得出结论。

(2) 黏液酸实验法检测尿半乳糖的基本原理是什么？

(3) 进行黏液酸实验法检测尿半乳糖时，操作上需注意哪些问题？

二、尿果糖定性实验

【实验目的】

掌握测定尿果糖的原理和方法。

【实验原理】

果糖尿症为一种罕见的遗传性代谢缺陷，患者伴有蛋白尿与氨基酸尿。果糖与溶于强酸内的间苯二酚溶液加热后呈红色沉淀反应。

【实验用品与材料】

1. 试剂　将间苯二酚 0.15g 溶解于浓盐酸 100ml 及蒸馏水 200ml 的混合液中。

2. 器材　试管、移液管、酒精灯、吸管。

【实验方法和步骤】

(1)取一干燥洁净的试管，加入 5ml 试剂，再滴加尿液 6～8 滴，加热煮沸，沸腾时间不超过 30s。

(2)结果分析：如有果糖存在，则显红色反应；若果糖浓度高时，则有红色沉淀发生。倾去上清液后，加 4～5ml 95%乙醇溶液入沉淀中。如沉淀溶解，溶液呈亮红色者为阳性，即有果糖存在。

【作业与思考题】

(1)实验报告：观察实验样品的显色反应和有无沉淀出现，判断结果，将测定结果填写到实验报告上，分析结果，得出结论。

(2)测定尿果糖的基本原理是什么?

(3)测定尿果糖时，操作上需注意哪些问题?

（杨生玺）

实验七　蛋白质分型电泳技术

蛋白质的分型检测主要依靠电泳技术进行。蛋白质分子在缓冲液中带负电荷或正电荷，在电场中向阳极或阴极移动，称为电泳。由于其等电点、分子大小、形状和荷质比的不同，使不同的蛋白质分子具有不同的迁移率，在一定的支持介质中可借以分离各种蛋白质，常用的电泳技术有：乙酸纤维素薄膜电泳、琼脂糖凝胶电泳、聚丙烯酰胺凝胶电泳、免疫电泳等。

一、乙酸纤维素膜电泳技术

【实验目的】

(1)掌握乙酸纤维素薄膜电泳技术的基本原理。

(2)了解乙酸纤维素薄膜电泳分离人异常血红蛋白的原理和方法。

【实验原理】

乙酸纤维电离或吸附带电质点的物质在一定电场强度的电场中发生定向移动的现象称为电泳。不同的化合物因其组成、结构、分子大小、空间构型、所带电荷不同，其电泳速度也不一样，借此可使其彼此分离而用于纯化和测定。

乙酸纤维素薄膜是将乙酸纤维素溶于有机溶剂(如丙酮、乙酸等)，在沸水浴中溶化涂抹成的均匀薄膜。一般厚约 120μm，具有均一的泡沫状结构，浸湿后有巨大的张力和柔韧性。由于其具有渗透性强、对分子移动无阻力等特点，用作区带电泳的支持物，具有用样量少、分离清晰、无吸附作用、应用范围广和快速简便等优点。目前已广泛用于血清蛋白、脂蛋白、血红蛋白、糖蛋白、酶的分离和免疫电泳等方面。

在一定的缓冲体系中，血红蛋白分子表面所带电荷的性质和数目决定其在电泳场移动的方向和速度，在 pH8.0 以上的缓冲液中，各种血红蛋白分子都带负电荷，在电场中均向阳极移动。如果肽链上的氨基酸发生改变，使分子表面的电荷发生变化，则影响其移动速度。因此，通过电泳的方法就可将氨基酸组成异常或分子结构异常的血红蛋白筛选出来。

【实验用品与材料】

1. 试剂

(1) 浸膜缓冲液：取三羟甲基氨基甲烷(Tris)0.2g、乙二胺四乙酸(EDTA)0.6g 和硼酸 3.2g，加蒸馏水溶解后稀释至 1000ml，pH8.5。

(2) 电泳缓冲液：取硼砂 6.87g、硼酸 5.56g，加蒸馏水溶解至 1000ml，pH8.5。

(3) 丽春红 S 染液：取丽春红染料 1.8g、三氯乙酸 26.8g、磺柳酸 26.8g，加水溶至 100ml。

(4) 联苯胺染色用固定液；7%三氯乙酸或 10%磺柳酸溶液。

(5) 联苯胺储存液；取 0.1g 联苯胺染料溶于 10ml 甲醇中，再与 500ml 缓冲液混匀(缓冲液配方：冰乙酸 1.2ml、结晶乙酸钠 0.8g，加水溶解后稀释至 500ml)，储存于棕色瓶内。

(6) 联苯胺应用液；临用前取储存液 30ml 加 3%H_2O_2液 0.5ml，再加入 5%硝普钠一滴。

(7) 漂洗液：3%乙酸溶液。

(8) 透明液：冰乙酸 3 份，与 95%乙醇混合即成。

2. 器材　电泳仪、电泳槽、血清加样器、乙酸纤维素薄膜、离心机、离心管。

【实验方法和步骤】

1. 操作步骤

(1) 血红蛋白溶液的制备：取新鲜抗凝静脉血离心去血浆，加不少于 8 倍体积的生理盐水洗涤红细胞并离心(2000r/min，10min)。一般洗 3～4 次，最后一次离心 20min(3000r/min)，尽量吸去生理盐水，按压积红细胞之体积加入 0.5 倍体积的四氯化碳，剧烈振荡至充分溶血，离心 20min(4000r/min)，吸出上层血红蛋白溶液置冰箱中保存备用。

(2) 样品配制：取待检血清 1ml 加入 10%血红蛋白溶液 0.05ml，10min 后加入 10%蔗糖 0.5ml。

(3) 浸膜：选择大小合适(4cm×6cm 或 8cm×6cm)的乙酸纤维素薄膜浸入 pH 8.5 的浸膜缓冲液中，光滑面朝上，浸透为止(一般最少 2h，过夜最好)。

(4) 加样：取出浸透的薄膜，置于多层滤纸中吸去多余液体，在膜的粗糙面距离膜端 1.5cm 处加样。

(5) 电泳：将点样膜置于电泳槽上，两端用滤纸条连接两极缓冲液，开启电源，电势梯度为 25～35V/cm，电泳 25～30min，关闭电源，取下乙酸纤维素膜。

(6) 染色与脱色：取下电泳膜，浸入丽春红 S 染液中 2～5min，取出，浸入漂洗液中漂洗 3～4 次，至膜底色呈现白色为止，阴干观察，记录结果。

2. 结果判定　经四氯化碳处理过的正常人溶血液，电泳结果显示 3 条血红蛋白区带，从阳极端起依次为 HbA、HbF、HbA_2，用丽春红 S 染色，在 HbA_2后还有 2 条非血红蛋白(non-haemoprotein，NHP)区带。系非血红蛋白成分，为细胞基质及膜蛋白。

如若出现异常 Hb 带，再用联苯胺染液着色鉴定。具体方法是将薄膜先用 10%磺柳酸溶液固定 5min，充分水洗后置联苯胺染色液中，至蓝色区带清晰显现后，用自来水漂洗，

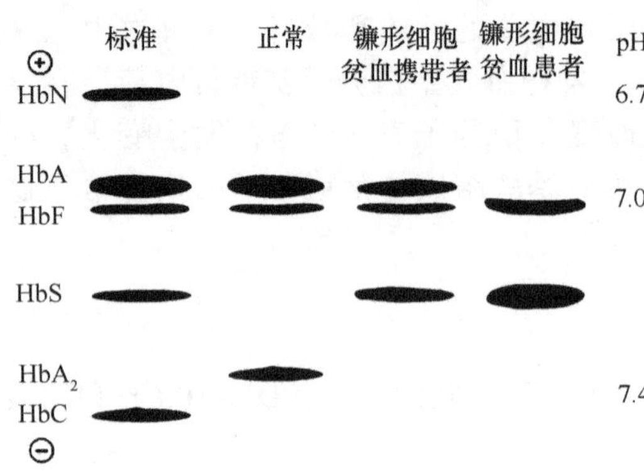

图 2-1 正常和异常血红蛋白(Hb)电泳

观察结果，分析区带特点(图 2-1)。

3. 定量分析 取丽春红 S 染色后的 Hb 电泳图，分别剪取 HbA、HbA_2、异常 Hb 及空白对照置各试管中，除 HbA 管放入蒸馏水 20ml 外，其他各管放入 4ml 蒸馏水，浸泡 1h 左右，时时摇动，待 Hb 完全脱下后，倒入 1cm 比色杯中，取波长 413nm 比色，用空白管调零，测定各管光密度值。

计算：

$$HbA_2\% = \frac{HbA_2}{HbA \times 5 + HbA_2 \times 100\%}$$

$$异常Hb\% = \frac{异常Hb}{HbA \times 5 + HbA_2 + 异常Hb \times 100\%}$$

【注意事项】

(1)通电后负极和正极的缓冲液离子浓度可略有改变，故应经常混匀，或调换电极。

(2)缓冲液使用过久水分蒸发，浓度相应增高，则 pH 亦可降低，有时经纠正后仍可使用。但若经多次纠正，仍影响电泳图谱的清晰度，应废弃重配。

(3)电泳后的 HbA 与 HbA_2 要充分分开，否则结果不准确。

(4)洗脱时要将血红蛋白完全洗脱，否则影响测定结果。

(5)洗脱时如气温较高，洗脱时间不可过长，否则洗脱液蓝色减退，并逐渐变为紫红色。

【作业与思考题】

(1)实验报告：将血红蛋白电泳结果用简图形式画在实验报告上，测定血红蛋白光密度值，按公式血红蛋白含量，将测定和计算结果填写到实验报告上，分析结果，得出结论。

(2)乙酸纤维素薄膜电泳技术的基本原理是什么?

(3)什么是血红蛋白病?异常血红蛋白有几种?

(4)进行乙酸纤维素薄膜电泳，操作时需注意哪些问题?

二、琼脂糖凝胶电泳技术

【实验目的】

(1)掌握琼脂糖凝胶电泳技术的基本原理。

(2)了解琼脂糖凝胶电泳分离血清脂蛋白的原理和方法。

【实验原理】

琼脂糖主要从海洋植物琼脂中提取来的，为一种聚合链线性分子。琼脂糖凝胶的浓度不同，其孔径大小也不同，因而可以分离不同分子量的蛋白质。脂蛋白是由脂质和蛋白质结合而成，遗传性高脂蛋白血症可以通过检测出的各种脂蛋白过多而确诊。在预制的琼脂糖凝胶板上，血清脂蛋白在电泳时可分为乳糜微粒、β、前 β 和 α 区带等组成部分。

【实验用品和材料】

1. 试剂

(1)0.075mol/L 巴比妥缓冲液(pH 8.6)：溶解 15.45g 巴比妥钠和巴比妥 2.76g 于去离

子水中，最后稀释至 1000ml。加热煮沸溶解，冷却后过滤。

（2）0.05mol/L 巴比妥缓冲液（pH 8.6）：吸取 70ml 0.075mol/L 巴比妥缓冲液（pH 8.6），加入去离子水 35ml。

（3）0.35%缓冲琼脂糖溶液：称琼脂糖 0.35g，加入 100ml 巴比妥缓冲液（0.05mol/L，pH 8.6），置于沸水浴内溶解。分装于试管内，置于 4℃保存。

（4）固定液：取 5ml 冰乙酸，加入 95ml 75%乙醇，混匀。

2. 器材　试管、载玻片、光密度计、滤纸、电泳槽、电泳仪、烘箱。

【实验方法和步骤】

（1）将分装于试管内的 0.35%缓冲琼脂糖置于沸水浴内溶解。

（2）制板：吸取 2.5ml 冷却至 50℃左右的琼脂糖均匀地铺在载玻片（2.5cm×7.5cm）上，静置于室温中。待冷却后，在距阴极端 2.5cm 处用小刀刻 1.5mm×15mm 小槽，并将槽中凝胶剔除。

（3）加样：吸取新鲜血清（空腹标本）20ml 放入小试管内，加入等量的预热至 55℃的缓冲琼脂糖，混匀。吸取混合物少许放入小槽内。

（4）电泳：将凝胶板两端用多层滤纸与电泳槽中缓冲液搭桥进行电泳 45～60min，电压 120V。

（5）固定干燥：电泳毕，取出凝胶板，放入固定液内，置于室温下 30min，然后放入 100℃烘箱 20min。

（6）染色和漂洗：将干燥的凝胶板放入苏丹黑染色液内 30min。取出，浸入漂洗液 15min，取出，干后凝胶即形成一层薄膜紧贴于玻片上，可长期保存。

（7）观察电泳图谱（图 2-2），并与正常标本比较，或用光密度计（波长 570～600nm）扫描即可得各部分脂蛋白的百分比。参考血清总脂质含量，即可求出各部分的浓度（mg/100ml）。

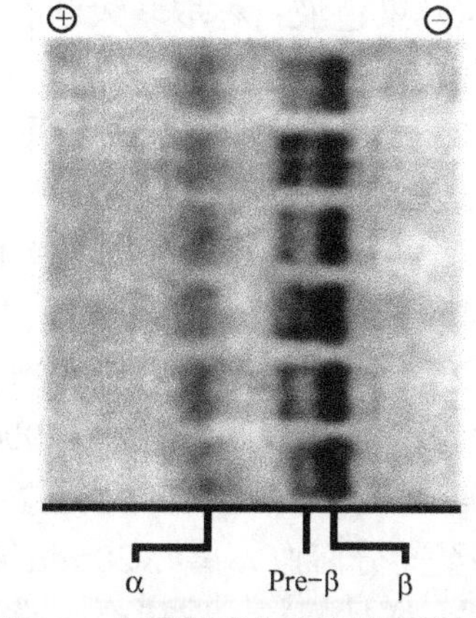

图 2-2　血清脂蛋白琼脂糖电泳图谱

【作业与思考题】

（1）实验报告：将血清脂蛋白电泳结果用简图形式画在实验报告上，测定血红蛋白光密度值，按公式血红蛋白含量，将测定和计算结果填写到实验报告上，分析结果，得出结论。

（2）琼脂糖凝胶电泳技术的基本原理是什么？

（3）进行琼脂糖凝胶电泳，操作时需注意哪些问题？

三、聚丙烯酰胺凝胶电泳技术

【实验目的】

（1）掌握聚丙烯酰胺凝胶电泳技术的基本原理。

（2）了解聚丙烯酰胺凝胶电泳技术对人血清结合珠蛋白电泳分型的原理和方法。

【实验原理】

聚丙烯酰胺是一种具有分子筛作用的人工合成凝胶，是由丙烯酰胺单体和交联剂甲叉双丙烯酰胺在催化剂作用下形成的。这种凝胶三维结构的孔洞大小是可调的，取决于凝胶的总浓度和单体同交联剂的比例。实际工作中可根据样品的分子量大小来选择适宜的凝胶浓度和比例。

结合珠蛋白(haptoglobin，Hp)又称触珠蛋白，是血浆中的一种 α_2 球蛋白，为一种糖蛋白，分子量为 85 000，由肝脏合成，每天可制造 0.5g，血中半寿期为 3.5～4d。在血中该蛋白可与游离血红蛋白结合成一稳定复合物，阻止血红蛋白从肾小球排出阻塞肾小管，既储存了铁，又保护了肾小管免于游离血红蛋白的损害，且能阻止高铁蛋白产生。它具有遗传多态性，常见的遗传类型是 Hp2-2，Hp2-1 和 Hp1-1。

【实验用品与材料】

1. 试剂

(1)凝胶储备液：称取丙烯酰胺 28g、双丙烯酰胺 0.735g，加双蒸水至 100ml，搅拌至完全溶解，装棕色瓶内于冰箱中(4℃)保存备用。

(2)胶缓冲液：称取硼酸 5.04g，EDTANa$_2$ 0.93g，Tris10.75g，加水至 100ml，pH 8.3。储存于棕色瓶中备用。

(3)硼酸-硼砂缓冲液：称取硼酸 3.1g，四硼酸钠 19.1g，加水至 1000ml，pH 9.0。

(4)电极缓冲液：将凝胶缓冲液和硼酸-硼砂缓冲液按 7∶5 比例混合，然后稀释 10 倍即可，pH 8.6。

(5)其他储备液：40%蔗糖液，2%过硫酸铵液，7%冰乙酸液，0.002%溴酚蓝，30%过氧化氢溶液。

(6)乙酸-乙酸钠缓冲液：称取乙酸钠 11.5g，加水 80ml，冰乙酸 6.6ml，调 pH 为 4.7。

(7)染色液：称取联大茴香胺 100mg，溶于 50ml 无水乙醇中，再加入 50ml 90℃的热蒸馏水，搅拌至完全溶解后，再加乙酸-乙酸钠 10ml，棕色瓶中保存备用。

2. 实验器材　电泳仪、垂直夹心电泳槽、血清加样器、离心机、离心管。

【实验方法和步骤】

1. 待检样品　取外周静脉血，肝素抗凝后离心取血浆，或自然凝血后取血清，在−50℃低温下保存备用。

2. 2.5%血红蛋白溶液的制备　取新鲜抗凝静脉血离心去血浆，加不少于 8 倍体积的生理盐水洗涤红细胞并离心(2000r/min，10min)。一般洗 3～4 次，最后一次离心 20min(3000r/min)，尽量吸去生理盐水，按压积红细胞之体积加入 0.5 倍体积的四氯化碳，剧烈振荡至充分溶血，离心 20min(4000r/min)，吸出上层血红蛋白溶液置冰箱中保存备用。

3. 样品配制　取待检血清 1ml 加入 10%血红蛋白溶液 0.05ml，10min 后加入 10%蔗糖 0.5ml。

4. 凝胶制备　取 4.2ml 丙烯酰胺储备液及 2ml 凝胶缓冲液，混合后加 13.42ml 双蒸水，真空抽气 5～10min，加入 0.75ml 过硫酸铵及 2 滴 TEMED。混合后装入凝胶玻璃板制胶槽中，插入梳子，室温下静置 30min 左右，凝胶凝固后便可使用。

5. 加样　用 30%蔗糖液 1 滴和 50μl 配好的样品混合，再加入 1 滴溴酚蓝作指示剂，然后加入到加样孔中。将电泳缓冲液加入电泳槽。

6. 电泳　上槽接负极，下槽接正极。先调节电流为 16mA，约 10min 后调至 40mA，电压大约在 250～300V。电泳至溴酚蓝恰好跑出凝胶下端(大约需 1h)。

7. 染色　小心取出凝胶，放入染色盘中。取染色液 100ml 加 0.15ml 的 30%过氧化氢，混合后加入标本中，染色 30～50min 后倒出染液，将标本冲洗后，放入标本储存液中保存。如标本需长期保存可在染色前用 7%乙酸液固定 10min 左右。

8. 结果判定　染色后的标本可以通过照相长期保存结果。对于结合珠蛋白类型的判定依据是图 2-3；Hp2-2 是阴极端出现一系列的多聚带，靠近中间区出现一个较其余带密度低的独立带型，阳极端无任何可见带。仅在阳极端出现一条较宽且密度较高的线条者是 Hp1-1。在上述两者间出现另一条带的是 Hp2-1，该带较 Hp2-2 中类似的带密度高，幅度宽，而且距离阴极多聚带更远，不出现任何线条者定为 Hp0；注意 Hp0 中血红蛋白带与 Hp1-1 的区别。

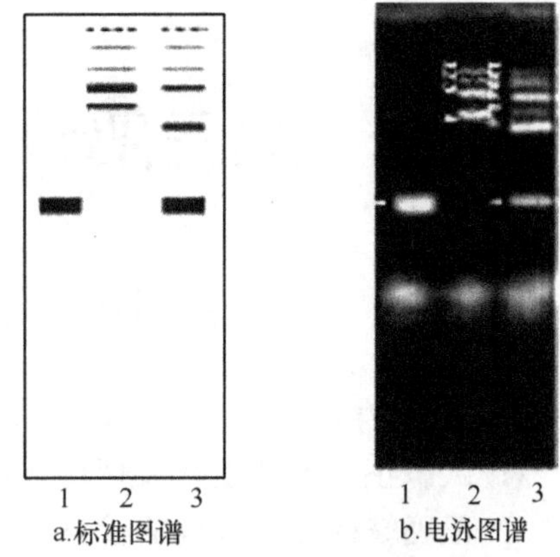

图 2-3　结合珠蛋白的电泳带型示意图

1. Hp1-1；2. Hp2-2；3. Hp2-1

【作业与思考题】

(1) 实验报告：将结合珠蛋白电泳结果用简图形式画在实验报告上，分析结果，得出结论。

(2) 聚丙烯酰胺凝胶电泳技术的基本原理是什么？

(3) 进行聚丙烯酰胺凝胶电泳技术，操作时需注意哪些问题？

（滕　蕾）

第三部分　群体遗传学实验

实验一　人体皮肤纹理分析

【实验目的】

(1)认识正常人的皮肤纹理特点及其临床意义。

(2)正确掌握皮肤纹理的检查方法。

【实验原理】

皮肤纹理简称皮纹，是由表皮和真皮构成的。真皮乳头向表皮突出，形成许多整齐的乳头线叫“嵴纹”，在突起的嵴纹之间形成凹陷的沟叫“沟纹”，这些凹凸的纹理便构成了人体的指(趾)纹和掌纹。这些纹理在胚胎发育的第十四周时形成，而且终生不变。每个人的皮纹图像各不相同，但一对双生子的皮纹却极其相似。这说明皮纹的形成与遗传有直接关系，同时，环境因素对皮纹的形成也有一定作用。

在临床上，Cummisn(1936)首先注意到异常皮纹变化作为先天愚型的诊断指标后，有关某些染色体病和其他遗传病患者皮肤纹理存在的特异性变异资料日益增多，因此，目前已有可能利用这些资料作为某些遗传病的诊断参考。本实验只分析指、掌纹。

【实验材料和用品】

放大镜、印台、印油、白纸、铅笔、直尺、量角器、皮肤调查登记表、人造棉垫(比手掌略大)。

【实验方法和步骤】

1. 皮肤的检查方法　成年人的皮肤检查可借助放大镜肉眼检测，有特殊变化的要印取纹理图像留作资料，以便进一步分析研究。印取皮纹的方法是把该处皮肤洗涤干净，然后用印泥(或油墨)均匀地涂在需要印取的部位。再慢慢地按在已准备好的白纸上。印纹力求完整清楚，印指纹时手指应由一侧轻轻滚向对侧。

2. 皮肤纹理分析项目

(1)指纹：是手指指端的皮纹。指纹的主要类型有三种：弓形纹、箕形纹、斗形纹。见图3-1。

(2)嵴纹数目的计算：每个指纹嵴线数的计算方法是从箕形纹或斗形纹的核心点到三叉点的中心绘一直线，计算直线通过的嵴线数。因为弓形纹没有三叉点，所以不予计算，或为零。斗形纹有两个三叉点，因此有两个嵴线数，这两个嵴线数都要计入，但在计算总嵴线数时只将较大的数值计入，较小的数值不计入。双箕斗形纹嵴线计数较为复杂，先将两个三叉点与距它们较近的核心点以及两个核心点间用直线连接起来，然后，将这三个数据相加，得数除以2，计算结果就是双箕斗的嵴线数(图3-2)。指纹嵴数简称RC，临床应用时常常使用嵴线总数，简称TRC或TFRC，即为十个手指的嵴纹数的总和。我国男性平均值为148条，女性为138条。

(3)掌纹：通常把手掌分为三大区：大鱼际区；小鱼际区；指间区(I_1—I_4)。

第二、三、四、五指的基部分别称为a、b、c、d部，各有一个三叉点，即三叉点a、b、c和d。由各三叉点分别引出A、B、C、D线。

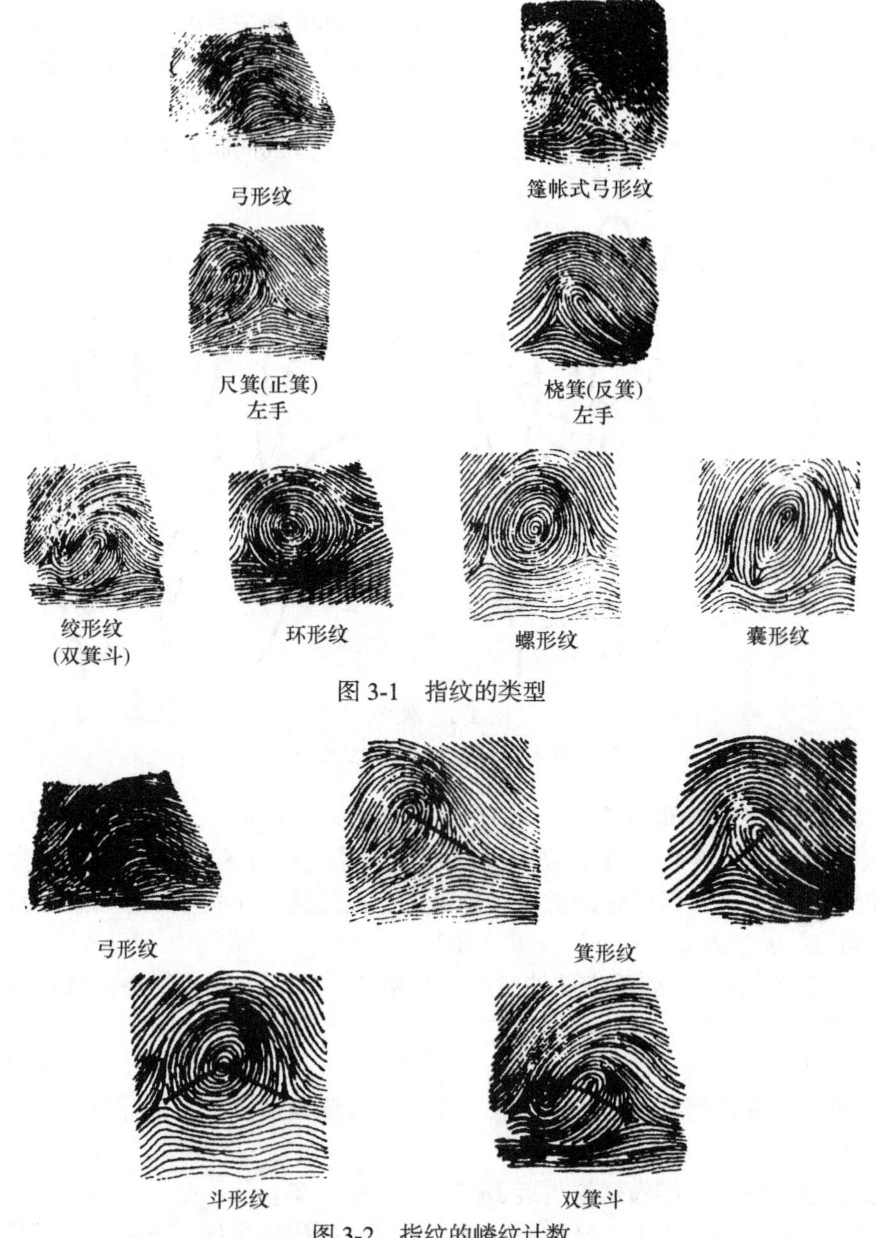

图 3-1　指纹的类型

图 3-2　指纹的嵴纹计数

1）三叉点 a：A 线发自第二指基部，相当于掌骨头的位置，通向小鱼际区。

2）三叉点 b：B 线发自第三指的基部，进入 I_4 区，即包围了第四指基部，I_3 区的区域或进入第五指下方。

3）三叉点 c：C 线发自第四指的基部，进入 I_4 或 I_3 区。

4）三叉点 d：D 线发自第五指基部，进入 I_2 区。

5）三叉点 t：在大小鱼际之间有一个掌轴三角或称掌三叉点叫三叉点 t。正常人的三叉点 t 在大小鱼际的底端，手掌基部正中部位附近。其发出的线纹通向 I_1 区。由于三叉点 t 在掌长轴所处的位置不同，由近及远分别称为三叉点 t，三叉点 t'，三叉点 t''。目前，测量三叉点 t 的方法有两种。

a. 根据手掌长度百分比来计算：手掌长度是指从远端腕关节的褶线至中指基部褶线的距离。三叉点 *t* 的位置计算，是从三叉点 *t* 到远端腕关节褶线的距离占掌长的百分比。又称 *t*/掌比值。

b. 根据 *atd* 角的大小计算：从三叉点 *a* 和三叉点 *d* 分别向腕侧各引一直线连接三叉点 *t*，两条直线相交的角叫∠*atd*。见图 3-3。

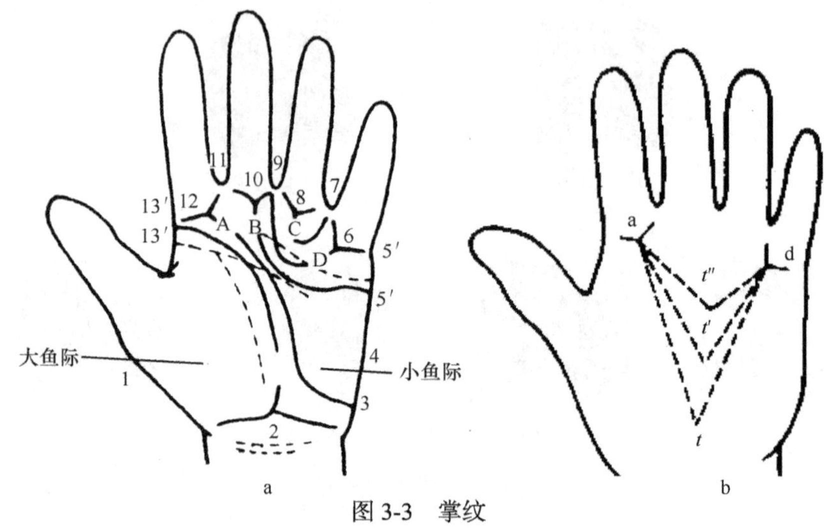

图 3-3　掌纹

a. 正常人掌纹；b. *atd* 角及 *t* 位置变化

根据以上的描述观察你的掌纹，并把以下几项填入表中：①*a*—*b* 间嵴纹数：从三叉点 *a* 到三叉点 *b* 之间划一直线通过 *a*—*b* 间的嵴纹数。②主线 *A* 和主线 *C* 走向：先天愚型 A 线特异的走向，不是按正常的走向通向小鱼际区，而是通向小指基部下方。*C* 线常进入 I_3 区。③*atd* 角度。④三叉点 *t* 百分比（*t*/掌比值）。

(4) 指褶纹（指屈纹）：即手指屈伸时产生的褶纹。实际上指纹不是皮肤纹理，而是皮肤弯曲处的皱褶。

(5) 手掌褶纹

1) 正常型：远侧横褶纹与近侧横褶纹不交叉，近侧横褶纹与大鱼际纵褶在“虎口”处联汇或不联汇。

2) 通贯手（猿线）：远侧横褶纹与近侧横褶纹合成一条。

3) 通贯手过渡（变异）Ⅰ型：又称桥贯手。在两猿横褶纹中借一条短的横褶纹相联结。

4) 通贯手过渡（变异）Ⅱ型：又称叉贯手。在猿线上下出现一短小的褶线分支。

5) 悉尼褶纹：又称中贯手。只是近侧横褶纹横贯整个手掌，一般超过第五指中线。而远侧横褶纹仍正常走行。见图 3-4。

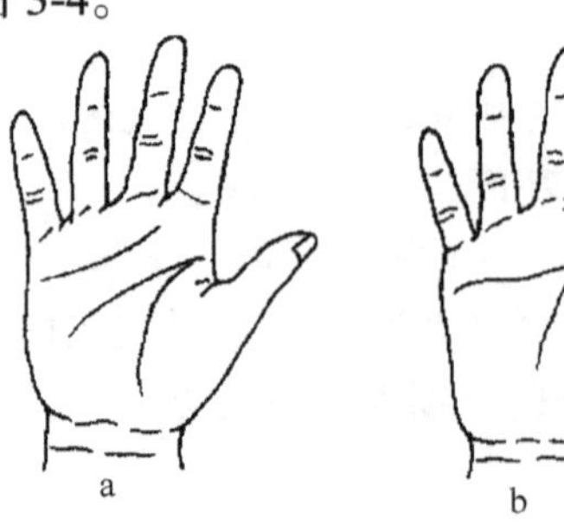

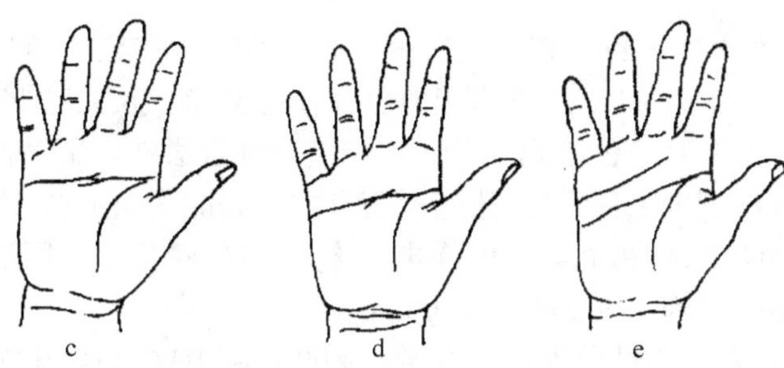

图 3-4　手掌褶纹

a、b. 正常型；c、d. 通贯手(c 为过渡Ⅰ型，d 为过渡Ⅱ型)；e. 悉尼褶纹

【作业与思考题】

(1)实验报告：观察你的手掌和第五指的屈褶纹，把观察结果填入表 3-1 中。

表 3-1　皮肤纹理检查登记表

姓名		性别			年龄					
民族		班级			检查日期					
手别	左　手					右　手				
指数										
嵴线型										
嵴线数										
嵴线总数										
第五指屈褶数										
a—b 间纹线数										
A 主线走向										
C 主线走向										
atd 角度										
t/掌比值										
手掌屈褶纹型										
嵴线总数										
印象(结果)										

(2)说明正常人的皮肤纹理特点及其临床意义。

（王　萍　李　兰）

实验二　PTC 尝味能力的遗传分析

【实验目的】

(1)通过实验，了解 PTC 尝味能力的实验原理及不完全显性遗传。

(2)调查全班 PTC 尝味实验情况。

【实验原理】

苯硫脲(Phenylthiocarbamide，PTC)是一种白色化学晶体，由于分子中含有 N—C ═S

基团，故有苦涩味，对人体无毒，亦无副作用。不同民族、种族的PTC尝味能力不同，同一种族或民族的不同个体对PTC的尝味能力也存在着差异。人类对PTC的尝味能力，属于不完全显性遗传，由一对等位基因 T 和 t 控制。纯合尝味者的基因型为 TT，可尝出1/6 000 000~1/48 000浓度的PTC溶液味道；而有的人只能尝出PTC浓度大于1/24 000溶液的味道，甚至对PTC结晶物也尝不出苦味，称为PTC味盲，基因型为tt；杂合子的基因型为Tt，尝味能力等级为1/400 000~1/50 000。

目前已知味盲(tt)者易患结节性甲状腺肿，因此可将PTC的尝味能力检测，作为该病的一种辅助诊断手段。

【实验用品和材料】

1/750 PTC原液，蒸馏水，吸管。

【实验方法和步骤】

(1)取100ml的1/750 PTC原液，加入100ml蒸馏水进行倍量稀释，将稀释后的溶液再按相同方法再倍量稀释，次第进行，制成13种不同浓度的PTC溶液，分别取30ml盛于小试剂瓶中。

(2)测试方法

1)方法一：由1/750的PTC溶液起，将盛有不同浓度的PTC溶液的试剂瓶从高到低编为1～13号，依次摆放于实验台上，受试者从最低浓度(13号液)尝起，每个人用吸管滴2～3滴于舌根处，进行尝味，以刚能尝到苦涩味的溶液号数为对PTC味觉的阈值等级。其中，能尝出11～13号溶液苦味的受试者为显性纯合子，能尝出6～10号苦味者为杂合子，只能尝出5号以前溶液苦味的为PTC味盲。记录尝味后的结果。

2)方法二：每人取浸泡五种浓度PTC的纸片(1/300万、1/75万、1/40万、1/5万、1/2.4万)，自低浓度到高浓度分别尝味。将尝味后的结果记录于表3-2。

表3-2 PTC尝味能力结果记录表

PTC溶液浓度	味觉
1/300万	
1/75万	
1/40万	
1/5万	
1/2.4万	

(3)统计结果，计算班级中味盲的频率，试根据此计算这个小群体中 T、t 的频率。根据对PTC尝味能力的高低，可以推测出该性状的基因型。其判断标准是：尝味能力在1/300万～1/75万之间者的基因为显性纯合子(TT)，在1/40万～1/5万之间者为杂合子(Tt)，在1/2.4万以上者为隐性纯合子(tt)。按这个标准，判断自己的基因型，然后由同学统计全班几种结果的总人数。计算其结果填于表3-3。

表3-3 统计结果记录表

	1/300万～1/75万 TT	1/40万～1/5万 Tt	>1/2.4万 tt
总人数			
百分比			

【注意事项】

(1)拿取吸管时注意与试剂瓶对号，以免将不同浓度搞混。

(2)尝味须按从低浓度到高浓度顺序依次进行，不能隔开或颠倒顺序，以保证找到正确的阈值等级。

(3)以能明确尝出苦味为准，如尝味不明确(如认为有酸、咸等其他味)则应继续尝稍高浓度的溶液。

【作业与思考题】

(1)实验报告：计算班级中味盲的频率，据此计算本班同学中T、t的频率。

(2)通过本实验，说明什么是不完全显性遗传?

(王 萍 李 兰)

实验三 人类正常性状的遗传学分析

【实验目的】

(1)掌握ABO血型鉴定的原理及方法。

(2)理解共显性(codominance)和不完全显性(incomplete dominance)的概念，练习基因型频率(genotype frequency)和基因频率(gene frequency)的计算。

(3)了解人类几种单基因性状(single gene trait)的遗传方式。

(4)培养群体遗传学(population genetics)调查和分析的能力。

【实验用品与材料】

1. 器材 75%乙醇溶液棉球，消毒干棉球，采血针，载玻片、消毒牙签，吸管。

2. 试剂 抗A、抗B标准血清，生理盐水。

【实验内容】

1. 人类ABO血型检测

(1)实验原理：ABO血型系统(ABO blood group system)是人体红细胞血型系统的一种，基因定位于9q34，由一组复等位基因(I^A、I^B、i)控制。基因I^A和I^B为共显性，分别决定红细胞表面A抗原或B抗原的形成，这两个基因对*i*为显性，因此，群体中三个复等位基因(multiple alleles)组合成6种基因型(genotype)，形成4种表现型(phenotype)，即4种血型。同时，血清中有抗A(α凝集素)和抗B(β凝集素)两种天然抗体，可分别与A抗原和B抗原发生反应，使红细胞凝集。每个人血清中所含抗体与自身红细胞抗原是相适应的，即一个人的血清中只含有不会使自身红细胞凝集的抗体。ABO血型系统的表现型、基因型、抗原(antigen)和抗体(antibody)之间的关系见表3-4。

表3-4 ABO血型遗传特征

表型	基因型	红细胞膜上的抗原	血清中的天然抗体
A	I^AI^A、I^Ai	A	抗B(β)
B	I^BI^B、I^Bi	B	抗A(α)
AB	I^AI^B	A、B	—
O	ii	—	抗A、抗B

根据抗A和抗B可分别与A抗原和B抗原发生反应使红细胞凝集的原理，可以对未知血型进行鉴定。如给定两种标准血清抗A、抗B，如果受检血液红细胞只在抗A中发生

表 3-5 凝血反应

血清反应		受检者血型
抗 A 血清	抗 B 血清	
+	–	A
–	+	B
+	+	AB
–	–	O

凝集，为 A 型血，只在抗 B 中凝集为 B 型，在两种血清中均凝集为 AB 型，均不凝集者为 O 型血(表 3-5)。

(2)实验步骤：一般实验室常用的方法有试管法(test tube method)与玻片法(slide method)。试管法的优点是敏感，较少发生假凝集；玻片法则简便易行，但玻片法如控制不好，易发生不规则的凝集现象。本实验主要介绍玻片法。

1)标记：取一清洁的载玻片，在两端分别用记号笔标记抗 A 和抗 B 字样，用吸管分别吸取抗 A 和抗 B 型标准血清各一滴，滴于玻片上相应部位。

2)采血：用 75%乙醇溶液棉球消毒受试者的耳垂或指端，用消过毒的采血针刺破皮肤，吸管吸取 1～2 滴血液。

3)反应：将红细胞悬液在两种血清中分别各滴一滴，然后立即用两支牙签分别搅拌，使红细胞与血清充分混匀。

4)观察：在室温下(20～37℃)静置 5～10min，观察有无凝集现象。若混匀的血清由混浊变为透明，并出现大小不等的红色颗粒，表明有凝集现象；若仍为混浊状，不出现颗粒则表明无凝集现象。如观察不清无法判断时，可在显微镜的低倍镜下观察。根据凝血反应判断受检者的血型。

(3)注意事项

1)标准血清必须在有效期内。

2)滴加红细胞悬液时注意滴管尖部不要触及到标准血清。

3)红细胞悬液浓度、反应时间和温度要适中，以避免出现假阴性和假阳性结果。

(4)作业与思考题

1)实验报告：计算班级中各血型的频率，据此计算本班同学(小群体)中 ABO 血型的基因型频率和基因频率。

2)通过本实验，理解遗传共显性和复等位基因的定义。

2. 几种遗传性状的调查　人类的各种性状都是由基因控制形成的。由于每个人的遗传基础不同，某一特定的性状在不同的个体会出现不同的表型。对群体中的某一性状进行调查，并将调查材料进行整理分析，可以初步了解此性状的遗传方式、控制该性状基因的性质，并可计算出该群体中相应的基因型频率和基因频率。

下面所列为人体的几种单基因性状，请同学们选择几种性状对班级同学进行调查，统计结果，并根据表型计算出这个小群体中相应的基因频率；或对自己家族中的相关成员进行调查，将结果绘成系谱(pedigree)，分析该性状的遗传方式，验证决定该性状基因的类型。

(1)卷舌性状：在人群中，有的人能够卷舌(tongue rolling)，即舌的两侧能在口腔中向上卷成筒状(U 字形)，称为卷舌者(tongue roller)，受显性基因(T)控制，为显性性状(dominant character)；有的人则不能(图 3-5)。

(2)眼睑性状：人群中的眼睑(eyelid)有单重睑(single eyelid)(俗称单眼皮)和双重睑(double eyelid)(俗称双眼皮)两种表型。一般认为双眼皮受显性基因控制，为显性性状；单眼皮为隐性性状(recessive character)(图 3-6)。

(3)耳垂性状：人群中，不同个体的耳朵可明显区分为有耳垂(free ear lobe)与无耳垂

(attached ear lobe)两种情况(图 3-7)。其中，有耳垂为显性性状，无耳垂为隐性性状。

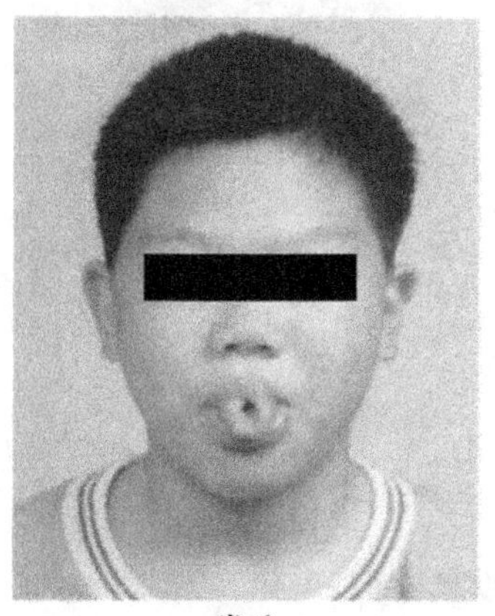

a. 卷舌

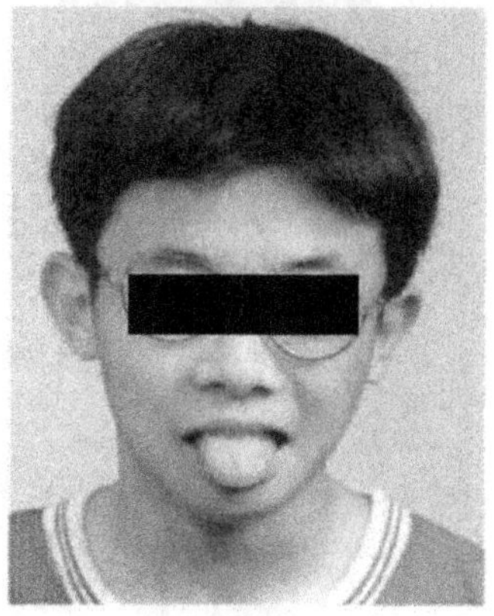

b. 不会卷舌

图 3-5 卷舌与不卷舌

a.单重睑

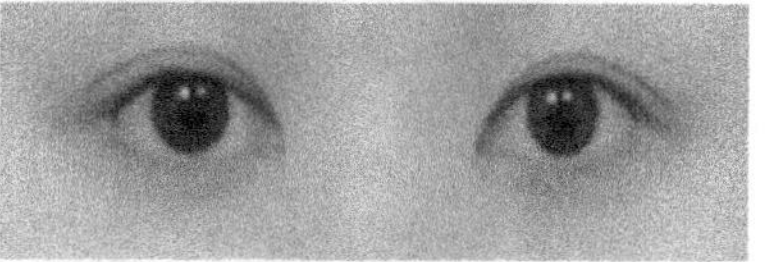

b.双重睑

图 3-6 单重睑与双重睑

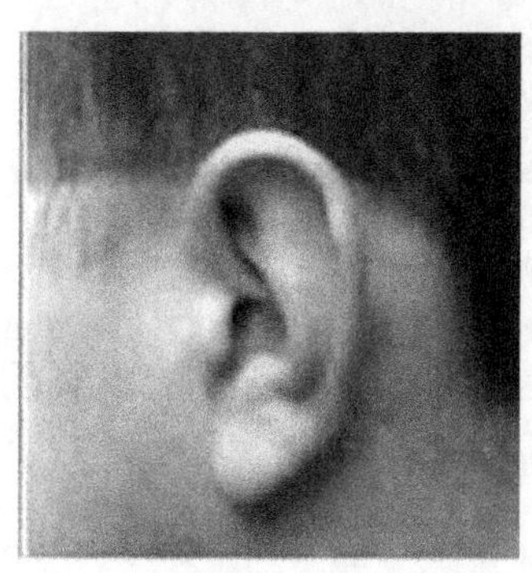

a. 有耳垂

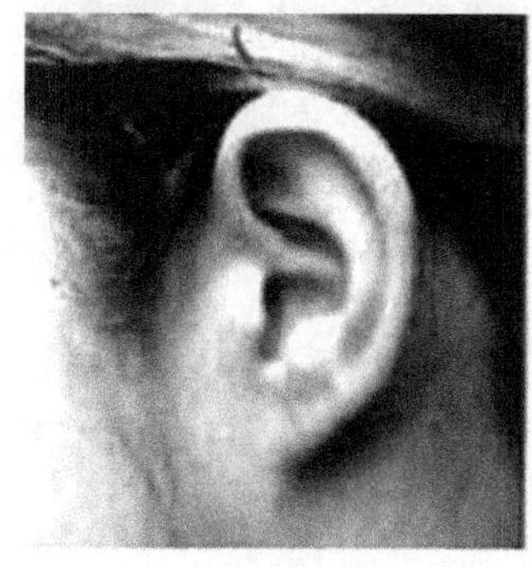

b. 无耳垂

图 3-7 有耳垂与无耳垂

(4)前额发际：在人群中，有些人前额发际(hair line of the forehead)基本属于平线，有些人在前额正中发际向下延伸呈峰形，形成 V 字形发际，或称为寡妇尖(widows' peak)(图 3-8)，后者为显性性状。调查班级中同学的前额发际形状，呈峰形者记为"V"，平线者记为"一"。

(5)发式和发旋：人类的发式(hair style)有卷发(curly hair)和直发(straight hair)之分。东方人多为直发，为隐性性状，卷发则为显性性状。毛干与皮肤呈一定的倾斜度，其倾斜的方向一致，称毛流。毛流在头顶稍后方的中线处形成一个中心向外的漩涡状排列(有的人可不止一个)，称发旋。发旋螺旋的方向受基因控制，顺时针方向者为显性性状，逆时针方向者为隐性性状。

(6)面部酒窝：人群中有的人面部有酒窝(dimples)，有的人则无酒窝(no dimples)(图 3-9)，有酒窝受显性基因控制，为显性性状。

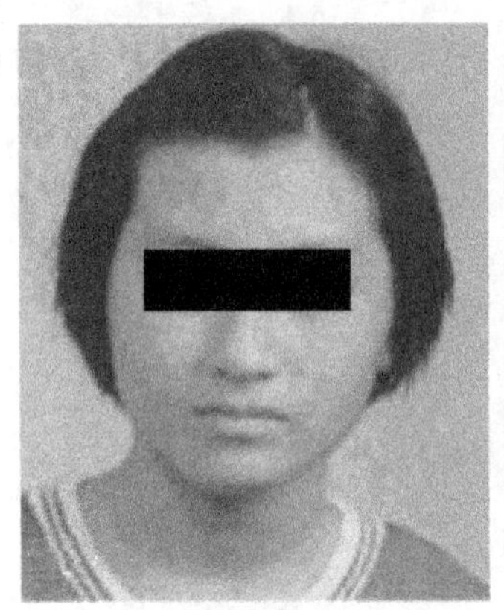
a.V 形发际

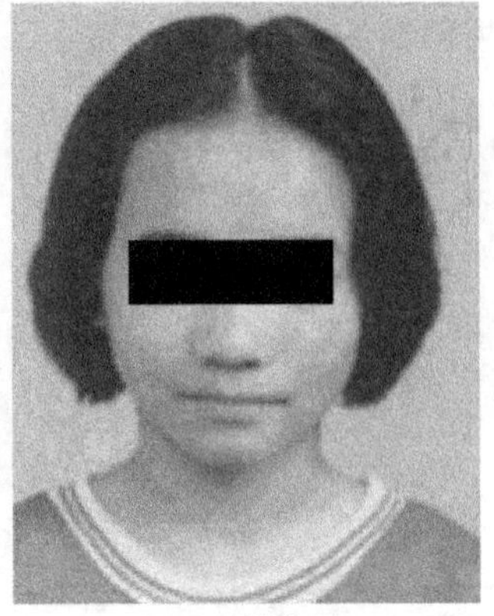
b.平线发际

图 3-8 V 字形发际与平线发际

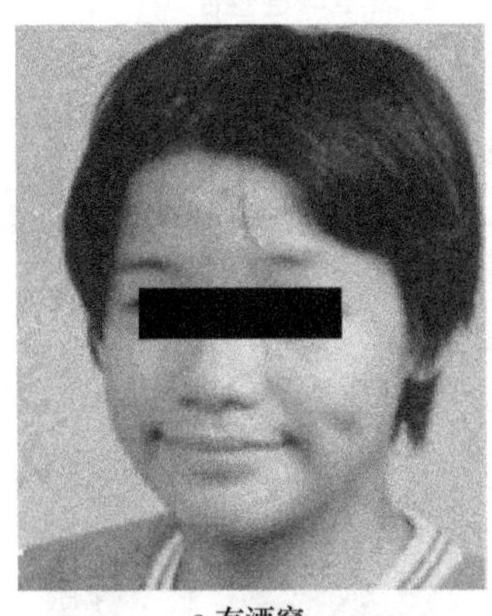
a.有酒窝

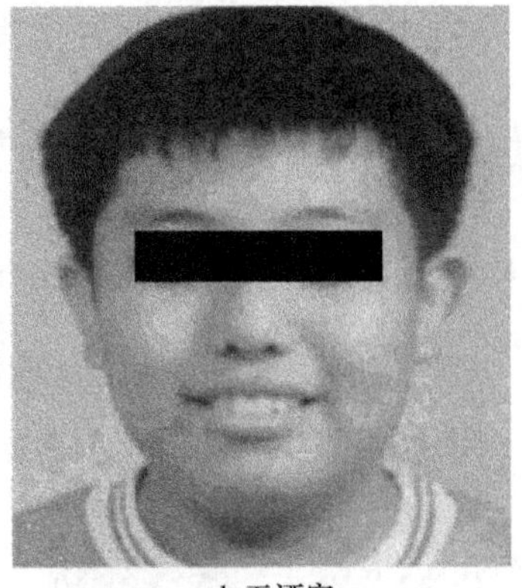
b.无酒窝

图 3-9 面部有酒窝与无酒窝

(7)左右手嵌合：人双手交叉时，有的人习惯右手拇指在上，有的人恰相反，习惯左手拇指在上(图 3-10)。这是一个受单基因控制的性状。其中，右手拇指在上为显性性状。

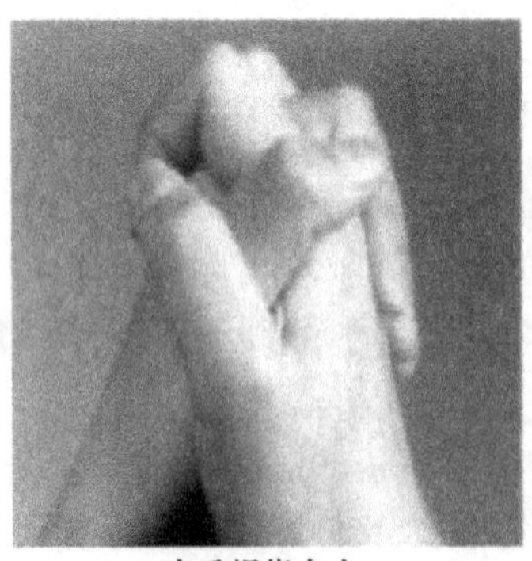
a. 右手拇指在上

b. 左手拇指在上

图 3-10 右手拇指在上与左手拇指在上

(8)拇指端关节外展：人群中有的人拇指的最后一节能弯向挠侧弯曲，与拇指垂直轴线呈 60°角(图 3-11)。此性状呈隐性遗传。

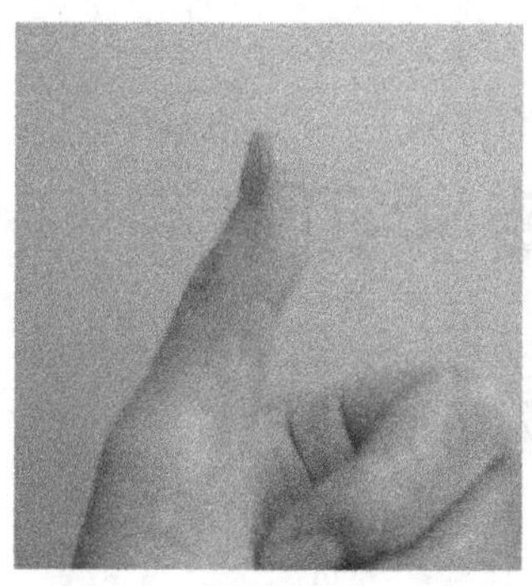

a.拇指挺直

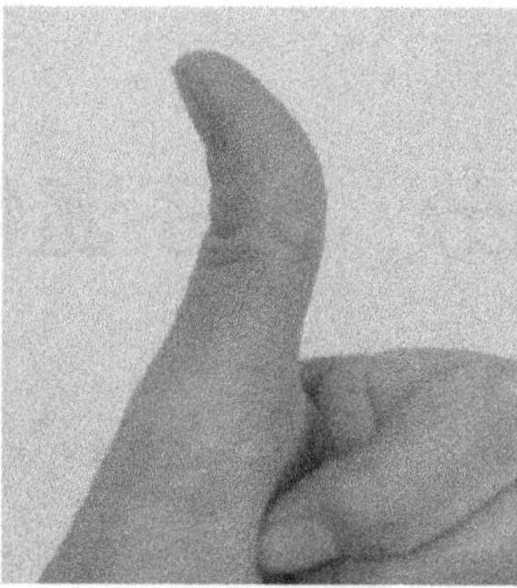
b.拇指关节外展

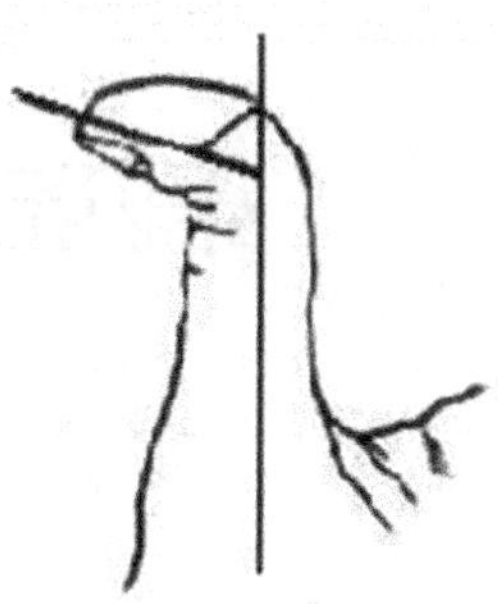
c.外展角度

图 3-11　拇指挺直与端关节外展

【作业与思考题】

(1)实验报告：计算所在班级中上述各种遗传性状的频率，据此计算同学中这些形状的基因型频率和基因频率。

(2)通过本实验，解释人类这几种单基因性状的遗传方式。

(3)请再举出一些人类单基因遗传性状的例子。

(殷丽天)

第四部分　分子遗传学实验

实验一　人基因组 DNA 的提取

【实验目的】

(1) 了解提取 DNA 的原理。

(2) 掌握人外周血基因组 DNA 的提取方法。

【实验原理】

从不同组织细胞或血细胞中提取高质量的 DNA 是进行基因诊断的先决条件。制备高质量 DNA 的原则是：①将蛋白质、脂类、糖类等物质分离干净；②尽可能保持 DNA 分子的完整。

在提取 DNA 的反应体系中，蛋白酶 K 为广谱蛋白酶，其主要特征是在 SDS 和 EDTA 存在的情况下保持很高的活性，可将蛋白质降解成小的多肽和氨基酸。哺乳动物 DNA 的提取一般是在有 EDTA 及 SDS 一类的去污剂存在下进行的，SDS 是离子型表面活性剂，主要作用是：①破坏细胞膜及核膜；②解聚细胞中的核蛋白；③与蛋白质结合，使蛋白质变性而沉淀下来；④抑制 DNA 酶活性，使 DNA 分子尽量完整地分离出来。经典的提取的方法为酚-氯仿方法，该法提到的 DNA 纯度较高，可用于 Southern 分析和构建基因组 DNA 文库。

【实验用品和材料】

1. 试剂

(1) 抗凝剂：EDTA 2%(*W/V*)生理盐水抗凝剂。称取 2g 乙二胺四乙酸二钠，0.85g NaCl，加双蒸水至 100ml。

本试剂 1ml 可抗 10ml 全血凝结。亦可用医用 ACD 抗凝剂抗凝。肝素能抑制限制性内切酶活性，因此一般不用肝素抗凝。

(2) TES 溶液：15mmol/L Tris-HCl 溶液(pH8.0)，15mmol/L EDTA 溶液(pH8.0)，15mmol/L NaCl 溶液。

用 1mol/L Tris-HCl 溶液(pH8.0)，0.5mmol/L EDTA 溶液(pH8.0)，3mol/L NaCl 溶液稀释成 15mmol/L STE 溶液。

(3) 10%(*W/V*) SDS 溶液。

(4) 15mmol/L TES 饱和酚：重蒸酚在热水浴(100℃)中溶化后加入 1/3 体积的 15mmol/L TES 溶液，充分混匀后，放冰箱中静置 6h 以上。酚层在下，水层在上。吸掉上层多余的 TES 溶液，冰箱中避光保存备用。为防止酚被氧化成酮，可加少量 8-羟基喹啉(2～5mmol/L)。

(5) 氯仿/异戊醇(24∶1，*V/V*)，现用现配。

(6) 蛋白酶 K(10mg/ml)，在–20℃保存。

(7) TE 溶液：10mmol/L Tris-HCl 溶液，1mmol/L EDTA 溶液(pH7.5)。

用 1mol/L Tris-HCl (pH7.5)，0.5mol/L EDTA 溶液 (pH 7.5～8.0) 稀释配制。

2. 仪器与耗材　Eppendorf 试管、离心管、吸管、加样器、枪头、离心机、水浴箱、紫外分光光度计、电泳仪、电泳槽。

【实验方法和步骤】

1. 酚-氯仿法

(1) 白细胞的分离

1) 抗凝血用 1～2 倍的生理盐水或磷酸缓冲的生理盐水 (PBS) 稀释，混合好。

2) 在 50ml 离心管中加入 1 倍体积淋巴细胞分离液 (上海试剂二厂)，在上面仔细铺一层 2 倍体积已稀释的血液。

3) 在室温以 2000r/min 离心 15～20min，红细胞应沉于管底，而白色的淋巴细胞应分布于上层血浆与下层淋巴细胞分离液的界面。

4) 吸弃血浆，小心吸取淋巴细胞层，直至把淋巴细胞转移完全。

5) 用生理盐水或 PBS 洗淋巴细胞两次。

6) 最后得到的淋巴细胞沉淀，可立即用于 DNA 的提取，或冻存于超低温冰箱中，直至使用。

(2) DNA 的提取

1) 在 5ml 15mol/L TES 中悬浮白细胞，加蛋白酶 K 250～350μg (50～70μg/ml)，10% SDS 至终浓度 0.5% (加 260μl 左右)。

2) 充分混匀，放 50℃水浴中保温 3～5h。其间震摇 2～3 次。

3) 冷却至 4℃，加等体积 15mol/L TES 饱和酚。

4) 轻轻摇，使水相和酚层充分混匀。

5) 4℃ 5000～8000r/min 离心 15～20min。此时 DNA 溶液在上层，酚位于下层，中间是变性蛋白层。

6) 用吸管小心吸取上层黏稠溶液，移至另一离心管。注意尽量不要带出中间蛋白层。

7) DNA 溶液再加等体积 15mol/L TES 饱和酚抽提一次，按 5)、6) 离心并吸至另一离心管。

8) 加等体积氯仿/异戊醇，按步骤 4)、5) 抽提，离心 5min。

9) 吸出 DNA 溶液后，再步骤 8) 抽提一次。

10) 用吸管将 DNA 溶液移至 Eppendorf 中，冰浴至 0℃。

11) 加 2.5 倍体积 95%冷乙醇溶液。震摇，可见 DNA 白色沉淀析出。

12) 用 75%冷乙醇溶液清洗 3～4 次。

13) 室温干燥或冷冻干燥 DNA。

14) 加适量 TE 溶液溶解 DNA。

2. 盐析法

(1) 取 2～3ml 新鲜或冻存的 EDTA 抗凝血，置于 10ml 的离心管中。

(2) 加 2～3 倍体积的红细胞裂解液 (blood buffer：0.01mol/L Tris-HCl 溶液 pH7.6；0.01mol/L NaCl 溶液；0.005mol/L $MgCl_2$ 溶液) 剧烈震荡 15s，冰浴 15min。2000r/min 离心 10min。

(3) 移弃上清，约留 0.5ml，在用同体积的红细胞裂解液裂解红细胞，2000r/min 离心 10min。

(4)重复步骤(2)，直到液体发白。

(5)收集沉淀用生理盐水洗涤2次，收集白细胞沉淀，并转至1.5ml的Eppendorf离心管中。

(6)沉淀中加入300μl TE混匀，再加15μl 10%的SDS及蛋白酶K至终浓度0.5mg/ml，37℃过夜消化。

(7)加入1/3体积的过饱和NaCl溶液，轻轻摇匀1min，5000r/min，离心10min，取上清液移入一新的Eppendorf管中。

(8)加入2～3倍体积的无水乙醇，沿管壁慢滴入，可见絮状物析出(所要的DNA)。

(9)挑出DNA，用75%乙醇漂洗絮状物，12 000r/min离心3min。

(10)弃去乙醇溶液，室温自然干燥后，加100μl 无菌双蒸水溶解DNA。

(11)测定DNA的浓度或4℃冰箱保存。

附：DNA的鉴定及定量

(1)比色法：取DNA溶液20μl，用蒸馏水稀释至400μl。以蒸馏水做空白，在紫外分光光度计上测定OD_{260}、OD_{280}、OD_{230}三个数值。

对于纯DNA，1个OD_{260}=50μg/ml DNA，因此DNA含量应为：50μg/ml×OD_{260}×稀释倍数。

按上述稀释20倍样品读数，50μg/ml×20倍等于1mg/ml，因此所读出的OD_{260}数值即为样品稀释前的浓度(mg/ml)。例如OD_{260}数值为0.54，则DNA浓度为0.54mg/ml。根据含量计算总DNA的量。

计算公式为：DNA浓度量(mg/ml)×体积(ml)。

例如DNA样品0.5ml，浓度为0.54mg/ml，则DNA总量为：0.54mg/ml×0.5ml=0.27mg=270μg。

经上述方法制备的DNA OD_{260}/OD_{280}＞1.7，OD_{260}/OD_{230}＞2.0。

OD_{260}/OD_{280}＞1.7，如比值小于该数值太多，说明样品中残存蛋白质较多；如OD_{260}/OD_{230}比值太小，说明样品中残存核苷酸、氨基酸或酚等有机杂质。

(2)电泳鉴定：取样品1μl，加电泳缓冲液5μl或加样缓冲液2μl(含溴酚蓝指示剂及甘油)，在0.8%琼脂糖凝胶上进行水平板微型电泳。用噬菌体λDNA作为标准。DNA区带应比较集中，泳动速度与λDNA相同或稍慢，证明分子量均＞50kb。一般看不到泳动速度比溴酚蓝快的RNA区带。如果DNA不成区带，而是散开分布在λDNA与溴酚蓝之间，则说明DNA已经被降解成小分子，不能再用来进行限制性内切酶图谱分析。

【注意事项】

(1)酚抽提时如果上清液太黏，不能和蛋白层分开时，可加入适量的STE稀释，然后再用酚抽提。

(2)保温可在45～55℃范围内进行。

(3)抽提DNA时动作不可过猛，以防机械震动将DNA分子打得太碎。

(4)沉淀DNA时要小心操作，勿使纤维网断成小丝。

(5)DNA溶于TE时可先浓一点，发现太浓时再加些TE。这样能保证DNA样品不至于太稀而无法使用，一般来讲，DNA浓度为0.4～0.6mg/ml最为理想。

(6)溶于TE中的DNA样品比较稳定，可在4℃冰箱中存放1年而不会降解。

【作业与思考题】

(1)实验报告：将人外周血基因组 DNA 提取的实验步骤写在实验报告上，测定 DNA 含量，将测定结果填写到实验报告上，分析结果，得出结论。

(2)提取 DNA 的基本原理是什么?

(3)查资料写出所查到的 DNA 提取方法的种类。

(4)说明 SDS、NaCl 在此实验中的作用?

(5)进行人外周血基因组 DNA 提取时，操作上需注意哪些问题?

(张春斌)

实验二 DNA 的限制性内切酶酶解技术

【实验目的】

要求理解和掌握 DNA 的限制酶酶解技术的原理和方法。

【实验原理】

DNA 的限制性内切酶酶解技术是基因分析中的关键步骤，酶解的结果直接决定基因诊断是否准确可靠。限制性内切酶广泛存在于细菌中。根据限制酶的结构，辅助因子的需求、酶切方式，可将限制酶分为三种类型。Ⅰ型限制性内切酶具有修饰及识别切割作用，但通常其切割位点距离识别位可达数千个碱基之远，例如：*Eco*B、*Eco*K。Ⅱ型限制性内切酶只具有识别切割作用，所识别的位置多为短的回文序列；所剪切的碱基序列通常即为所识别的序列，例如：*Eco*R Ⅰ、*Hind* Ⅲ。Ⅲ型限制性内切酶具有修饰及识别切割的作用。可识别短的不对称序列，切割位与识别序列约距 24～26 个碱基对。例如：*Hinf* Ⅲ。因为具有严格的识别位点，并在识别位点内切割双链 DNA，所以Ⅱ型限制性核酸内切酶是实用性最高的内切酶。这样我们可以通过酶切来分析酶识别位点处 DNA 序列是否存在突变。我们以限制酶 *EcoR* Ⅰ为例了解一下酶切的原理(图 4-1)。

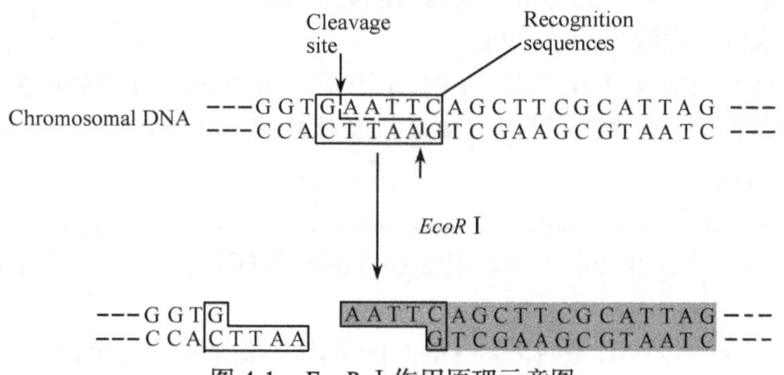

图 4-1 *EcoR* Ⅰ作用原理示意图

【实验用品和材料】

1. 试剂

(1)BRL 公司或华美公司 *EcoR* Ⅰ等限制酶。

(2)DNA 样品，浓度以 0.3～0.6mg/ml 为宜。

(3)终止反应缓冲液：50%(*V*/*V*)甘油，200mmol/L EDTA(pH8.0)，0.5%溴酚蓝溶液。

2. 仪器与耗材　Eppendorf 试管、离心管、吸管、微量加样枪、枪头、离心机、水浴箱。

【实验方法和步骤】

限制性内切酶降解 DNA 反应所需的一般条件列于表 4-1 中。

表 4-1　限制性内切酶反应的一般条件

条件内容	普通电泳分析	大量样品制备
反应体积	20～100μl	0.5～5ml
DNA	0.1～10μg	10～500μg
限制性内切酶	2～5U/μg DNA	2～5U/μg DNA
Tris-HCl（pH7.5）	20～50mmol/L	50mmol/L
$MgCl_2$	5～10mmol/L	10mmol/L
2-巯基乙醇	5～10mmol/L	5～10mmol/L
BSA	50～500μg/ml	200～500μg/ml
甘油	＜5%（*V*/*V*）	＜5%（*V*/*V*）
NaCl	根据需要	根据需要
时间	1～5h	1～5h
温度	37℃	37℃

下面以进行 Southern 印迹杂交时常采用的 50μl 反应总体积为例。

（1）在一个 1.5ml 塑料离心管中加入：

0.5μg/μl 基因组 DNA	24μl（12μg）
消毒双蒸水	13μl（使总体积达到 50μl）
10×反应缓冲液	5μl
1mg/ml BSA 溶液	5μl
10U/μl *EcoR* Ⅰ	3μl（30U）

（2）涡旋振荡器上振荡，使其充分混匀后瞬时离心。

（3）置 37℃水浴中保温反应 3～7h。

（4）加 20μl 终止反应缓冲液，或于 68℃水浴中保温 7min，使内切酶失活。

（5）将反应体系冷却至 4℃，可以直接进行电泳检测，亦可存放于 4℃冰箱中保存几小时后再进行电泳检测。

【注意事项】

（1）反应至 4h，可取出 2μl 用微型电泳检查酶解反应是否完全，以决定是否需要再延长反应时间。

（2）加入 BSA 是为减少管壁对酶和 DNA 的吸附并增加酶的稳定性。

（3）反应总体积应根据 DNA 浓度而定。例如酶解人基因组 DNA 12μg，总体积约 50μl 为宜，体积过大时，酶浓度不够，电泳孔也装不下。而体积太小，DNA 太浓，黏度大，形成网状结构，不利于限制性内切酶的酶解。

（4）如果个别 DNA 样品 7h 仍不能被酶解，不应再加酶。而要检查是否存在其他影响内切酶活性的因素。

（5）保存在–20℃的内切酶不易失活，但时间太久（1 年以上）酶活力会降低。检查酶活力的方法是按说明书用一定量的酶去降解一定量的标准品 λDNA。

【作业与思考题】

(1)实验报告：将 DNA 的限制酶酶解技术的实验步骤写在实验报告上，将结果填写到实验报告上，分析结果，得出结论。

(2)DNA 的限制酶酶解技术的基本原理是什么？进行 DNA 的限制酶酶解时，操作上需注意哪些问题？

（刘　爽　张春斌）

实验三　DNA 酶解片段的电泳分离技术

【实验目的】

本实验要求了解和掌握 DNA 的琼脂糖凝胶电泳技术。

【实验原理】

凝胶电泳是分离、鉴定、纯化及制备 DNA 片段最常用的方法。可分为两类，一类是琼脂糖凝胶电泳，适用于 1kb 和大于 1kb 以上 DNA；另一类是聚丙烯酰胺凝胶电泳，适用于小于 1kb 的 DNA。琼脂糖凝胶电泳是一种简便易行的分离、纯化和鉴定 DNA 片段的方法。

DNA 是 4 种核苷酸残基 A、T、C、G 连接而成的长链分子，每个核苷酸带的电荷相同。片段越大，带的电荷越多，因此无论 DNA 片段大小，其荷质比相同。pH8.0 时，DNA 分子带负电荷，在直流电场作用下，DNA 片段按分子量大小以不同的速度向阳极泳动。电泳后大小不同的DNA片段按分子量顺序留在凝胶的特定位置上。对一般线性DNA分子，其电泳迁移率与分子量的对数 log10(bp)成反比，即分子量小的泳动快，分子量大的泳动慢。每次电泳均以已知分子量的 DNA 片段(Marker)作为标准，电泳后 EB 染色，在 UV 灯下观察其迁移距离，就可以推断样品 DNA 片段的大小。

【实验用品和材料】

1. 试剂

(1)50 倍 TAE 电泳缓冲液：称取 Tris 242.2g，用 300ml 蒸馏水加热搅拌溶解后，57ml 冰乙酸，加 100ml 500mmol/L EDTA 溶液(pH 8.0)，用冰乙酸调 pH 8.0，然后加蒸馏水定容至 1000ml。电泳时稀释 50 倍 TAE 至 1 倍使用。

(2)EB(溴乙锭)染液：500μg/ml 水溶液，存于棕色瓶中，避光保存。

(3)电泳用琼脂糖(agarose)。

(4)加样缓冲液(loading buffer)：0.2%溴酚蓝溶液、50%蔗糖溶液。

(5)Marker DNA。

2. 器材　一台低电压稳压电泳仪，水平板电泳槽，一块凝胶支持板及梳子。

【实验方法和步骤】

(1)琼脂糖凝胶制备：按分离 DNA 片段的大小，决定凝胶中琼脂糖的百分含量，一般情况可参考表 4-2。

表 4-2 凝胶中琼脂糖含量与分离 DNA 片段大小

琼脂糖含量[%W/V]	分离线状 DNA 分子的有效范围(kb)
0.3	5～60
0.6	1～20
0.7	0.8～10
0.9	0.5～7
1.2	0.4～6
1.5	0.2～4

一般基因分析常用 0.8%～2%的凝胶。

(2) 0.8%凝胶的配置：称 0.8g 琼脂糖，加入含有 100ml 的 1xTAE 液的三角瓶中，将三角瓶置于微波炉中加热，使凝胶充分融化均匀(注意现用现配)。

(3) 待冷却至 50～60℃时(手感觉热，但不烫)，加入千分之一体积的 EB，使终浓度为 0.5μg/ml，混匀。EB 可不加后染色。

(4) 将凝胶槽两端用胶布封好，放置梳子，梳子距槽底 1～1.5mm。倒胶于凝胶支持板上，勿出现气泡。使融化的胶自然冷却至完全凝固。

(5) 小心拔出梳子，除去胶布，将凝胶和支持板一起放入电泳槽内，样品孔在阴极端。

(6) 向槽中加入电泳缓冲液(1xTAE 液)，正好盖过胶面 2～3mm。

(7) 将酶解后的 DNA 样品取出，短暂离心后，加入 1/5 体积的加样缓冲液，混匀。用微量可调加样器将 DNA 样品加入样品孔内，留一个孔加 Marker DNA。

(8) 加样时由于样品中含有加样缓冲液，故样品比重大，沉入孔底，将电泳缓冲液自下向上排出。

(9) 点完样品后，接通电源，先用 100V 电压，将样品迅速驱入凝胶中。然后调至适当电压(以胶的长度 1.5～2V/cm)，电泳适当的时间(0.30～2h)。

(10) 结束电泳，凝胶放入一玻璃皿中，加蒸馏水冲洗。

(11) 冲洗后，放在紫外检测仪下检查酶解及电泳情况，必要时拍照，如来不及拍照，用一条透明胶片，覆在凝胶 Marker DNA 泳道上，用 Marker 笔描下各条带及加样孔的位置(图 4-2)。

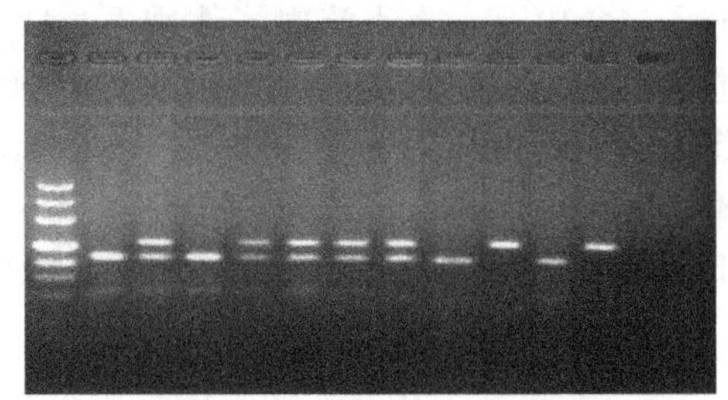

图 4-2 DNA 酶解片段电泳图谱

注意：紫外线对于人的眼睛有很强的刺激作用，照射稍微过量就会引起疼痛、红肿等症状，长期照射危害更大。操作时必须戴上防紫外线的玻璃眼镜或特制的有机玻璃防护镜。紫外线是一种诱变因素，身体其他暴露部位，如手和脸也要尽量避免紫外线过多照射。尤其是使用透射式光源时，更应注意防护。

【注意事项】

(1) 电压最好保持在 1～5V/cm，在 25℃以下的室温中电泳 2h。因为在低电压时，线性 DNA 分子迁移率与电压才成正比，分离效果最佳。

(2) DNA 电泳一定要使用 DNA Marker 或已知大小的正对照 DNA 来估计 DNA 片段大小。Marker 应该选择在目标片段大小附近 ladder 较密的，这样对目标片段大小的估计才比较准确。需要注意的是 Marker 的电泳同样也要符合 DNA 电泳的操作标准。

(3) 温度过高会加速 DNA 分子扩散，使条带变宽、模糊。室温超过 25℃时，应安装空调降低室温或安装循环水装置冷却槽中的电泳缓冲液，条件允许时可在 4～10℃的冷室或冷柜中电泳。由于水平板电泳在缓冲液覆盖下进行，并且采用低电压，因此产热效应极小，可不予考虑。

(4)每个样品孔载样量应该予以注意。对于人染色体 DNA 完全降解得到的片段，每平方厘米截面载量不要超过 50μg。如果梳子齿为 6mm 宽，胶高为 6mm 时，样品孔面积为 $0.36cm^2$。在这样的平面上，DNA 加样量最多为 18μg。上样量太多时造成条带拖尾的现象。

(5)DNA 分子的构象：质粒 DNA 分子可以有 3 种不同构象：超螺旋共价闭环、缺口及线性分子。虽然它们分子量相同，电泳迁移率却相差甚远。通常情况下，共价闭环分子泳动最快，线性分子次之，缺口分子最慢。

(6)溴乙锭：pH 7.9 时，溴乙锭分子带正电荷，向负极移动，它与 DNA 分子结合后，影响 DNA 的正常电泳。对不同大小的 DNA 分子，这种影响的程度不尽相同，平均可以使 DNA 电泳迁移率降低 15%。如果需要精确确定 DNA 的分子量，电泳过程中不加溴乙锭，结束后再置于 0.5μg/ml 溴乙锭水溶液中染色 5～10min。

特别需要注意的是，溴乙锭是一种强诱变剂，可以致癌。处理凝胶和含有该染料的溶液时最好戴上乳胶手套操作，防止皮肤接触溴乙锭。

【作业与思考题】

(1)实验报告：绘出所看到的凝胶图谱并标明条带，分析结果，得出结论。

(2)DNA 酶解片段的电泳分离技术的基本原理是什么?

(3)进行 DNA 酶解片段的电泳分离时，操作上需注意哪些问题?

(4)说明 Marker DNA、EB、loading buffer 的作用。

(朱金玲　张春斌)

实验四　Southern 印迹转移

【实验目的】

(1)掌握 Southern 印迹的基本原理。

(2)了解 Southern 印迹的实验操作过程。

【实验原理】

从细胞或组织中提取高分子量的 DNA，用一种或多种限制性内切酶酶切，通过琼脂糖凝胶电泳按大小分离所得片段，转移并固定在固相支持膜（硝酸纤维素膜或尼龙膜）上，与同位素或非同位素标记的已知序列的探针进行杂交，最后经放射自显影或显色反应进行检测。

DNA 片段经电泳分离后按分子量大小排列在琼脂糖凝胶上。凝胶机械强度不高，在以后长时间的预杂交和杂交过程中容易断裂，DNA 片段也会逐渐扩散甚至离开凝胶。虽然已有报告可用凝胶直接进行杂交，但技术难度较高，不易获得较高的成功率，故采用者不多。硝酸纤维素膜对于单链 DNA 分子具有很强的吸附能力，1975 年 Southern 发明了利用浓盐溶液的推动作用将变性的单链 DNA 转移到硝酸纤维膜上的方法，解决了原位转移的问题。虽然其原理和操作均很简单，却是基因分析中必不可少的手段，已经得到了广泛的应用。

【实验用品和材料】

1. 试剂

(1)0.25mol/L HCl 溶液。

(2) 变性液：0.5mol/L NaOH 溶液，1mol/L NaCl 溶液。

(3) 中和液：0.5mol/L Tris-HCl 溶液 (pH7.4)，2mol/L NaCl 溶液。

(4) 转移液：10×SSC (1×SSC 为 0.15 mol/L NaCl 溶液，0.015mol/L 枸橼酸钠溶液，pH7.0)。

2. 器材　方瓷盘、玻璃板、Whatman 3 号滤纸、硝酸纤维膜、平皿和支架、吸水滤纸、真空烤箱、封口机。

【实验方法和步骤】

(1) 电泳后的凝胶经溴乙锭染色并在紫外灯下照相后，将需要转移的琼脂糖凝胶切下，放入搪瓷盘中。

(2) 用 0.25mol/L HCl 溶液浸泡 25min。

(3) 用蒸馏水漂洗后，浸泡于变性液中 20～30min，视凝胶厚度而定。

(4) 更换变性液再浸泡 20～30min。

(5) 用蒸馏水漂洗凝胶 2 次。

(6) 浸泡于中和液中 20～30min。

(7) 更换中和液再浸泡 20～30min。

(8) 在处理凝胶的同时，切一张与胶同样大小的硝酸纤维膜，并用 2×SSC 浸泡，再剪两张 Whatman 3 号滤纸和一叠吸水用的粗滤纸。

(9) 准备转移用平皿和支架，平皿中放 10×SSC。架子上搭滤纸桥使溶液能够虹吸上来。

(10) 如图 4-3 示依次放：处理好的凝胶，硝酸纤维膜，吸水滤纸，玻璃板，适量重物 (500～1000g)。

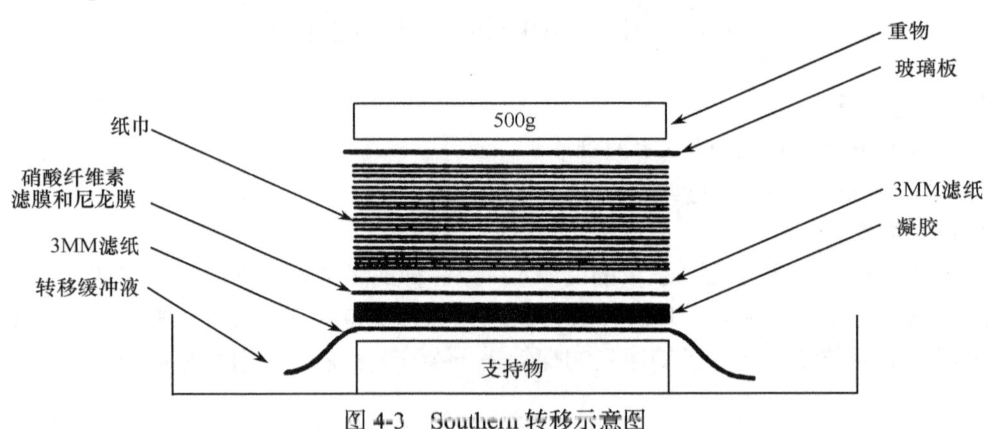

图 4-3　Southern 转移示意图

注意：要确保各层间没有气泡，否则会发生局部“绝缘”，气泡处的 DNA 难以被吸到硝酸纤维膜上。

(11) 于室温转移 12～20h。

(12) 取出硝酸纤维膜，用 2×SSC 漂洗，以去掉可能黏附于膜上的凝胶。

(13) 置膜于真空烤箱中，75～85℃减压烘烤 2～2.5h，将 DNA 固定在膜上。如无真空烤箱，亦可在普通烘箱中 65～70℃烘烤 3～4h，也能达到固定的目的。

(14) 固定后，将膜封于塑料袋中或者用铝箔包好，室温下干燥保存，待杂交。

【注意事项】

(1) 用 0.25mol/L HCl 溶液处理的步骤并非在任何时候都是必要的。HCl 处理的作用主要是通过去嘌呤使DNA分子断裂，因而有利于高分子量DNA的转移。但不宜处理时间过长，否则会将DNA打断为300bp以下的碎片，不能牢固地结合到硝酸纤维膜上。故在要转移和检测的DNA片段全部小于10kb时可省略此步骤。

把经溴乙锭染色后的DNA在260nm波长的紫外灯下照射10～20min，也能把DNA打断成较小的片段，因而有利于高分子量DNA片段的转移，且不影响杂交。但如果要回收DNA片段用于重组，则不宜使用260nm紫外灯，最好使用长波320nm或356nm紫外光源观察或照相，并尽可能使DNA在紫外灯下暴露较短时间。

(2)转移液的盐浓度对转移具有一定影响。20×SSC转移速度慢，小分子容易转移完全；10×SSC条件适中，比较常用，能有效地转移1～20kb的DNA片段，速度也较20×SSC快；6×SSC转移速度最快，对于高分子量DNA(>10kb)效果比较理想，但小分子DNA的转移效果较差。因此，需根据不同目的选择适当的转移液。

(3)转移时切忌移动上边重物，防止出现“重影”现象。

(4)硝酸纤维膜对于0.5kb以下的小分子DNA结合不牢，转移时容易丢掉。要探测小片段时最好用Zeta尼龙膜或gene screen plus膜。

(5)膜上DNA的固定很重要。固定不好时DNA在杂交过程中会从膜上脱落下来。烤膜的温度不要超过90℃。温度太高导致硝酸纤维膜变脆。使用Zeta尼龙膜或gene screen plus膜时可省略烘烤步骤或把烘烤时间缩短至1小时。

【作业与思考题】

(1)实验报告：写出Southern印迹转移技术的实验步骤，分析所得结果，得出结论。

(2)Southern印迹转移技术的基本原理是什么？

(3)进行Southern印迹转移时，操作上需注意的问题有哪些？

（单长民）

实验五　DNA分子杂交技术

【实验目的】

(1)掌握DNA分子杂交技术的基本原理。

(2)熟悉其实验操作方法。

【实验原理】

两条不同来源的具有一定互补碱基序列的DNA(或RNA)单链，在一定条件下按碱基互补方式形成双链结构的过程称为核酸分子杂交。杂交分子的形成并不要求两条链中的碱基顺序完全互补，所以不同来源的核酸单链只要彼此之间有一定程度的互补顺序就可形成杂交双链。用分子杂交进行定性或定量分析的最有效方法是将一种核酸单链作为探针。再与另一种核酸单链(待测顺序)进行分子杂交，以检测待测顺序的有无或多少。

核酸分子杂交按作用环境大致分为固相杂交和液相杂交两种。固相杂交是将参加反应的一条核酸链先固定在固体支持物上，另一条核酸链游离在溶液中。固相杂交具有易于漂洗、检测方便、可防止靶DNA自我复制等优点，因而该法最为常用。液相杂交中参加反应的两条核酸单链都游离在溶液中。该法现在用得较少。

某些条件(如酸碱、有机溶剂、加热)可导致DNA变性，即DNA双链打开成单链，氢键断裂，但不涉及共价键的断裂。变性 DNA 在适当条件下，两条彼此分开的链重新缔合成双螺旋结构，这一过程叫复性。

热变性的 DNA 在复性时有时能恢复到原来的状态，有时并不能恢复到原来的状态，两条单链间只要有部分同源性即可形成双螺旋，碱基不互补区域则形成突环，也就是发生了杂交。

杂交的一方常是待测的 DNA 或 RNA。另一方是检测用的已知的 DNA 或 RNA 顺序片段，我们称之为探针。它们常常是用分子克隆方法分离到的特定 DNA 顺序，也可以是人工合成的特定寡聚核苷酸顺序，这些特定核酸顺序在带上放射同位素标记(或非放射同位素如生物素等)后，即可做为杂交探针。

Southern 印迹杂交是基因诊断中最常用的方法之一。它包括两个主要步骤：①把电泳分级的 DNA 转移到固相支持膜上；②与同位素标记的 DNA 探针杂交。见图 4-4。

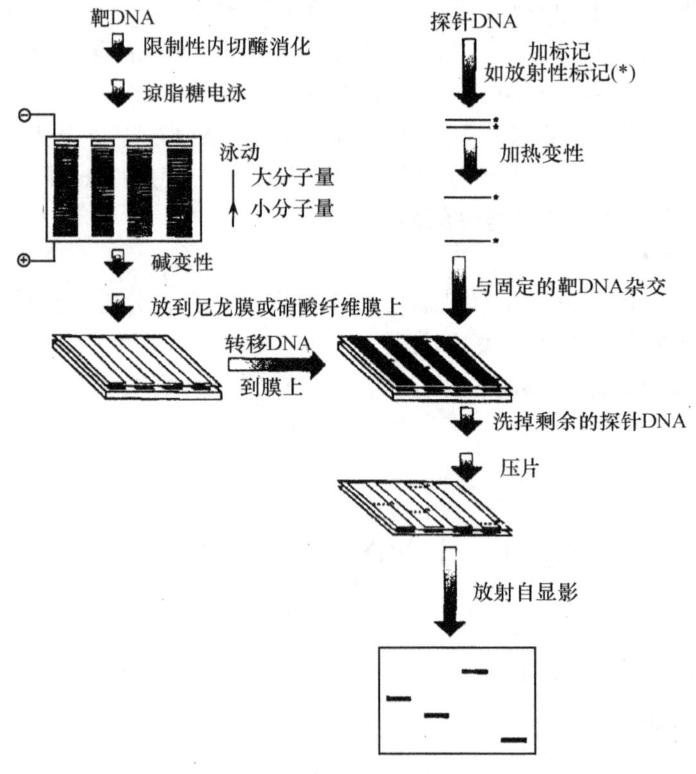

图 4-4 Southern 印迹杂交实验方法

【实验用品和材料】

试剂

(1)储存液：下述储存液可根据选用的杂交体系从中选择所需要的几种。

1)20×SSC。

2)0.5mol/L 磷酸钠缓冲液，pH 6.5。

3)50×Denhart 试剂。

1×Denhart 试剂=0.02%*W*/*V* BSA(牛血清白蛋白)；0.02%*W*/*V* Ficoll 400(聚蔗糖 400)；0.02%聚乙烯吡哆烷酮。

4) 4mg/ml 超声热变性的鲑精 DNA (SSD)。

称鲑精 DNA 溶于水中 5mg/ml (*W/V*)，加热至 60℃左右，搅拌使其溶解，用超声波破碎。以通化超声设备厂 Jc-2 型超声波清洗机为例，把探头置溶液中，打开启动钮，功率定在 75% (～100W) 处，处理 4 次，每次 5min。SSD 即被打断为 200bp 左右的小片段。可用微型电泳检查，DNA 集中在溴酚蓝指示剂前端为宜，然后补足损失的水分，置冰箱保存备用。

5) 甲酰胺 (分析纯)。

6) 10% SDS 溶液。

7) 0.5ml/L EDTA-Na_2 溶液，pH 8.0。

8) 葡聚糖硫酸酯。

(2) 杂交液

1) 无甲酰胺体系 (杂交温度一般为 68℃)

a. 预杂交液：6×SSC，100μg/ml SSD 溶液，5×Denhart 溶液，0.5% SDS 溶液。

b. 杂交液：6×SSC，100μg/ml SSD 溶液，5×Denhart 溶液，0.5% SDS 溶液，10mol/L EDTA 溶液 (pH 8.0)，(1～2) ×10^6cpm/ml 热变性的 ^{32}P 标记的 DNA 探针。

c. 热变性 DNA 方法：把标记好的 DNA 探针在沸水浴中煮沸 5～7min，在冷浴中骤冷。

2) 甲酰胺体系 (杂交温度一般在 42℃)

a. 预杂交液：5×SSC，30mmol/L 磷酸钠缓冲液 (pH 6.5)，5×Denhart 试剂，200μg/ml SSD 溶液，50%甲酰胺溶液。

b. 杂交液：5×SSC，30mmol/L 磷酸钠缓冲液 (pH 6.5)，5×Denhart 试剂，100μg/ml SSD 溶液，50%甲酰胺溶液，(1～2) ×10^6cpm/ml 热变性的 ^{32}P 标记的 DNA 探针。

有时，在杂交液中加入 10%葡聚硫酸酯 (必须小心地使之全部溶解)，以加快杂交速度，缩短杂交时间。

【实验方法和步骤】

1. 预杂交和 DNA 分子杂交

(1) 将转移好并烘烤过的硝酸纤维膜 (或尼龙膜) 封入塑料袋中，每边各留 2～4mm 空隙。灌注预杂交液及杂交液的一边留约 1cm。在角上剪开一个小口，灌注预杂交液，从切口处赶走气泡，用封膜机封口，浸入水浴中。

(2) 在适当温度 (如用非甲酰胺体系时为 68℃，在甲酰胺体系中 42℃) 预杂交 4～20h。

(3) 在杂交袋的一角剪开一个小口，倒出预杂交液，加入含有标记探针的杂交液，驱赶气泡后封口。在适当温度 (同预杂交温度) 杂交适当时间。一般在杂交液不含葡聚糖硫酸酯时杂交 2d，在有 10%葡聚糖硫酸酯的情况下，杂交 16～20h，最好能在恒温振荡水浴中进行。

2. 杂交后洗膜

(1) 在杂交结束后，取出杂交袋，剪开一个小口，倒出杂交液，剪开袋的三侧，取出硝酸膜，放于 2×SSC-0.2% SDS 溶液中，在室温下漂洗 3～4 次，每次 3～5h。

(2) 进行保温冲洗：保温冲洗时选择的温度、时间及 SSC 的浓度均是杂交成败的关键，都要根据具体情况而定。

1) 比较温和的冲洗条件，可选用 1×SSC-0.2% SDS 溶液，在 65℃冲洗 2 次，每次 10h。

2) 比较强烈的冲洗条件，可选用 0.1×SSC-0.2% SDS 溶液，在 65℃冲洗 2 次，每次 10h。

3)居中的冲洗条件，选用 0.1×SSC-0.2% SDS 溶液，在 55℃冲洗 2 次，每次 15min。

(3)冲洗完毕后，把硝酸纤维膜放于滤纸上晾干，用保鲜膜覆盖，于增感屏中在–70℃放射自显影。

3. 放射自显影　硝酸纤维膜上与特定序列杂交的 ^{32}P 标记探针可用两种方法探测：放射自显影或液闪仪记数。点杂交时，用液闪仪测定放射性计数即可算出 DNA 探针数量。若待测基因拷贝数相差很多时，应用此方法可直接比较两种标本的基因拷贝数的差别。

最常用的探测方法是放射自显影。将 X 线胶片与杂交后的膜包在一起，黑暗处 ^{32}P 放射出的 β 射线使 X 线胶片感光，待测基因的位置上便形成黑色条带。这种方法分辨率很高，能探测到 10^{-12}g 靶 DNA 序列，为目前最灵敏的手段。

操作方法：

(1)杂交后清洗过的硝酸纤维膜在室温下晾干，包一层保鲜膜，以防止污染增感屏。

(2)把硝酸纤维膜固定于一片增感屏上。在暗室中把一张 X 线胶片放于膜上，盖上另一张增感屏，盖紧暗盒。要保证膜及 X 线片不会相对移动。

(3)暗盒置–70℃冰箱中放射自显影 2～7d。

(4)在 X 线胶片显影液中显影 2～4min。

(5)在 1.5%乙酸中停显 1min。

(6)在定影液中定影 20min。

(7)胶片用清水冲洗 20min，晾干。

【注意事项】

(1)使用增感屏能提高 ^{32}P 的探测灵敏度并增加曝光速度。增感屏的光洁面是用钨等稀土元素的磷酸盐制成，在捕获了 β 射线能量后，可发射荧光，从而使 X 线胶片曝光。使用增感屏时应让两个光洁面相对，X 线胶片放在光面之间。这样可提高 ^{32}P 的灵敏度 8～10 倍，若只用一个增感屏，提高 4～5 倍。

温度越高，荧光寿命越短。为延长荧光的作用时间，一般在–70℃冰箱中进行放射自显影。无此冰箱时，其他低温设备亦可，越低越好。如果不用增感屏，就不必在低温下放射自显影。

(2)放射自显影过程中要尽量避免移动或碰撞暗盒，以防 X 线胶片或膜在盒内移动位置，造成“重影”现象。

【作业与思考题】

(1)实验报告：用简图形式画出 DNA 分子杂交技术结果，分析其结果，得出结论。

(2)DNA 分子杂交技术的基本原理是什么？

(3)进行 DNA 分子杂交技术时，操作上需要注意的问题有哪些？

（单长民）

实验六　聚合酶链反应(PCR)技术

【实验目的】

掌握 PCR 技术的基本原理及其实验操作方法。

【实验原理】

聚合酶链反应(polymerase chain reaction，简称 PCR)，是一种在体外由引物介导的特定 DNA 序列的酶促扩增，又称基因扩增。用一对能与靶序列两边序列配对的寡聚核苷酸引物在 DNA 聚合酶的作用下，在其 3′端延伸扩增目的 DNA 片段。引物在 DNA 聚合酶的作用下延伸并合成与靶序列互补的两条新链，得到靶序列的第二个拷贝。重复、循环进行热变性、引物复性和延伸这一过程，靶序列的拷贝数按指数成倍增长(图 4-5)，约为 2^n(n 为循环次数)。如果进行 30 个循环(n=30)，则 DNA 可扩增达 1×10^9 倍，用 PCR 仪，一个扩增循环约 10min。这一反应要求以下几个条件：①要有单链模板 DNA 与寡核苷酸引物形成的模板，引物复合物；②dNTPs 为酶反应底物(合成 DNA 新链的原料)；③适当 pH 值的缓冲液，尤其是其中 Mg^{2+}浓度十分重要；④DNA 聚合酶。

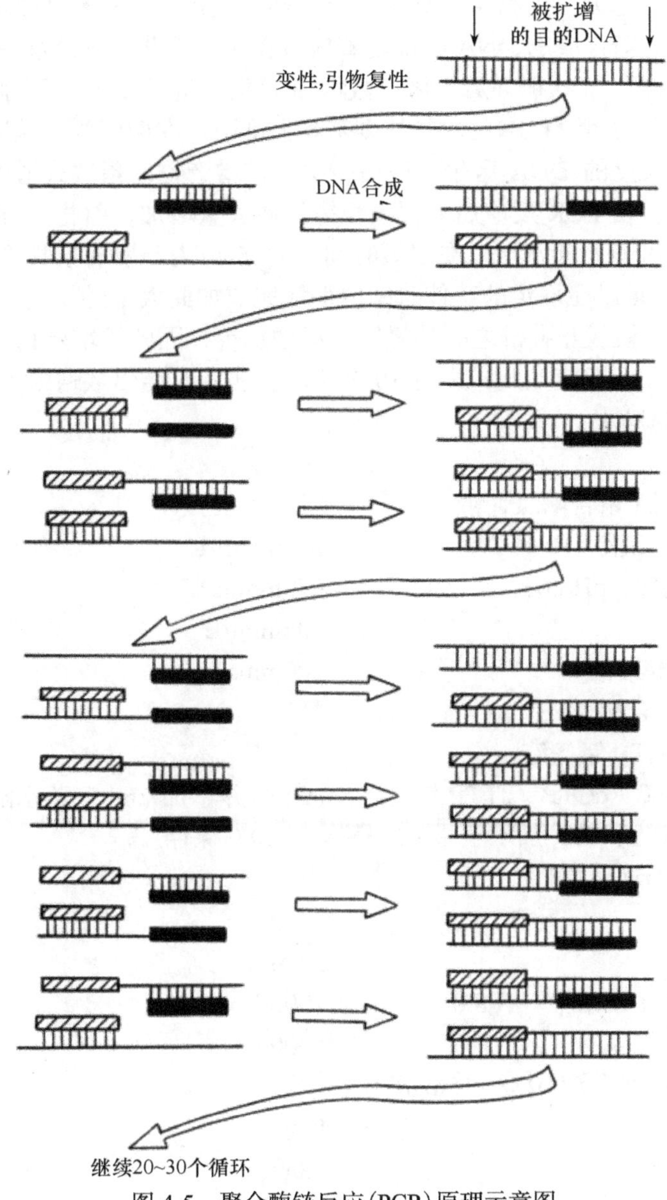

图 4-5　聚合酶链反应(PCR)原理示意图

扩增 DNA 片段的长度及特异性是由 2 个寡核苷酸引物的序列决定的，即后者分别与待扩增 DNA 片段两条链的两端序列分别互补。PCR 就是反复进行热变—退火—引物延伸 3 个步骤的循环过程。

1. 热变性　在 95～97℃下，加热模板基因组 DNA 5min，双螺旋结构解链成为单链。

2. 退火　将反应混合物降温，使引物与单链 DNA 模板(或从 mRNA 逆转录而来的 cDNA)上互补的序列复性，即退火，形成模板—引物复合物。复性温度决定于引物的 Tm 值。

3. 引物延伸　迅速加入 Taq DNA 聚合酶 2 单位，混匀。置反应混合物于 70℃，在 DNA 聚合酶作用下，以 dNTPs 为原料，从引物的 3′端开始，沿着 5′→3′的方向，按照模板链上的序列，合成一条新的 DNA 链。其序列与模板序列互补，延伸时间决定于扩增片段的长度。新链合成速度非常快，每秒约可延伸 40～60 个碱基。

经过上述变性—退火—引物延伸这样一个循环，模板 DNA 拷贝数增加一倍。在以后进行的循环过程中，新合成的 DNA 链都起着模板作用，因此，每经过一个循环，DNA 拷贝数便增加一倍(×2)。n 次循环后，拷贝数增加 2^n 倍。进行 25～30 个循环，拷贝数即可扩增上百万倍(10^6)。扩增的 DNA 片段长度基本上都限定在两引物 5′端以内，在凝胶电泳上显示为一条特定长度的 DNA 区带。应该指出，扩增产物的指数式增加不是无限制进行的。可以想象得到，在 PCR 反应后期，模板拷贝数大量增加，引物及 dNTPs 的量被消耗得很多，其剩余量可能逐渐不足以在很短时间(30～60s)内与所有模板都形成模板-引物复合物；或者酶活力不足以在规定的延伸时间内彻底完成如此大量的模板-引物复合物的延伸反应；以及退火时，模板互补链之间的复性逐渐增加等，因此扩增产物的增加逐渐由指数形式变为线性形式。但即使如此，进行 30 个循环，实际扩增倍数通常可达 10^6 倍。

【实验用品和材料】

1. 试剂

(1) 10×TaqDNA 聚合酶缓冲液

$(NH_4)_2SO_4$ 溶液	166mmol/L
Tris-HCl 溶液 pH8.6	670mmol/L
$MgCl_2$ 溶液	20mmol/L
2-巯基乙醇溶液	100mmol/L

(2) TaqDNA 聚合酶 2.5U/μl。

(3) 5mmol/L dNTP 储备液。

将 dATP、dGTP、dCTP、dTTP 钠盐各 10mg 合并，加 2ml 三蒸水溶解，用 0.1mol/L 的 NaOH 溶液调 pH 至 8.6，加水至 3ml，分装，–20℃保存。

(4) 10×TAE(Tris-乙酸)

Tris	242g
冰乙酸	57.1ml
0.5mol/L ETDA 溶液(pH 8.0)	100ml
加水至	5000ml

(5) 1%牛血清白蛋白液(BSA)(5mg/ml)

BSA	5mg
灭菌三蒸水	1.0ml

溶解后小份分装，–20℃储存。

(6)溴乙锭(EB)(10mg/ml)：称取 EB 10mg，放入棕色小瓶中，加水至 1.0ml，旋转混匀，使 EB 充分溶解，加盖，4℃保存。EB 为致癌物，操作时需戴手套。

(7)琼脂糖：将一定克数的琼脂糖加入 100ml 的 1×TAE 之中，加热充分溶解后加 EB 至 0.5～1.0μg/ml，室温保存。不同长度 DNA 所用琼脂糖的浓度如表 4-3。

表 4-3　不同长度 DNA 所用琼脂糖的浓度

DNA 大小(kb)	琼脂糖浓度(%)
6～0.4	1.2
4～0.2	1.5
3～0.1	2.0
2～<0.1	3.0

2. 仪器、材料

(1)Eppendorf 管、旋涡混匀器、台式离心机、加样器。

(2)PCR 扩增仪、微型凝胶电泳槽、电泳仪、紫外检测仪。

【实验方法和步骤】

1. 反应流程

(1)取 DNA 0.1～1μg，引物 25～50pmol 2μl，BSA 170μg/ml 5μl，dNTP(5mmol/L)5～10μl，10×Taq 缓冲液 5μl，H_2O 加至 50μl。加入 Eppendorf 管中。

(2)混匀离心 10s。

(3)97℃热变性 7min。

(4)1000r/min，离心 30s。

(5)加 Taq 酶 1～2.5U，混匀。

(6)加液体石蜡 50μl。

(7)短暂离心。

(8)将 Eppendorf 管放入热循环仪中，70℃、1～2min，93℃、30s，50℃、1min。反复循环 25～30 次。最后一次 70 ℃下保温 5min。

2. 检测　取每个 PCR 产物 5～10μl，加 1～2μl 上样缓冲液，混匀，在 1%～3%琼脂糖(含有终浓度为 0.5μl/ml 的 EB)凝胶上点样，进行常规 TAE 电泳。紫外透射仪上观察结果，橘红色荧光条带为 DNA 所在，与标准对照进行比较，照相保存结果。或者，通过凝胶成像系统观察，读取、储存结果；与标准对照进行比较分析。

【注意事项】

1. 设计合成引物应注意之点

(1)最重要的是引物序列的特异性要高。可借助计算机与已知无关基因序列对比，同源性越低越好。

(2)长度通常在 15～25 个碱基，使扩增片段在 150～600bp 最好。

(3)G、C 占碱基总数的 50%～60%为宜。

(4)用于同一个 PCR 反应的不同引物的 3′部分应避免有互补序列。

(5)在引物 5′端设计某限制性内切酶识别序列时，应适当多出几个碱基，以利于以后 PCR 产物的酶解。

2. PCR 注意事项

(1)应采用高纯度的试剂及水，不能混有任何蛋白酶、核酸酶、Taq DNA 聚合酶抑制剂以及能结合 DNA 的蛋白。如遇不能得到特异扩增产物的 DNA，可在沸水浴中煮 5min，并立即通过一支 Sephadex G50 离心柱纯化之。经这样处理的 DNA，一般能得到满意的 PCR 效果，基因组 DNA 模板量一般在 0.1～1μg，过多反而扩增效果不佳。

(2) 反应试剂应分装成小量保存，以减少使用次数，防止污染和避免有些试剂反复冻化而影响 PCR 效果。

(3) dNTPs 溶液呈强酸性，应调至 Taq 酶最适 pH 8.3 后使用。

(4) 退火温度主要决定于引物的长度及序列，通常较 T_m 值稍低，引物 T_m=4℃×(G+C)+2℃×(A+T)。如有非特异扩增产物，可适当升高退火温度。

(5) 设计合成的引物序列中有错配碱基或小缺失，小插入或限制酶识别序列时，在前 3 至 5 个循环时，宜使用更低的退火温度，然后逐渐升高退火温度。这是在此类情况下取得最佳 PCR 效果的关键。

(6) 延伸时间主要取决于所扩增 DNA 片段之长度。当片段长度≤400bp 时，延伸 30s 即可。400bp 至 1kb，延伸 60s。更长时，可相应延长时间。

(7) 第一次热变性后，应 10 000r/min 离心 20s，使管内水汽充分凝聚并沉到管底。加 35μl 液体石蜡也是防止水分蒸发，保持整个反应体系体积不变。

(8) Taq DNA 聚合酶加量过多不但浪费，还可使非特异产物增加。

(9) 所用 Eppendorf 管及加样头都应绝对洁净，尤其不应污染有过去的 PCR 产物。

(10) 微型凝胶检测 PCR 效果的方法虽简便快捷，但结果并非总是可靠。应认真细心操作。必要时可再次检查。

【作业与思考题】

(1) 实验报告：用简图形式画出聚合酶链反应扩增产物的电泳结果，分析其结果，得出结论。

(2) 聚合酶链反应技术的基本原理是什么?

(3) 什么是聚合酶链反应? 它在遗传病的基因诊断中有何应用?

(4) 进行聚合酶链反应时，操作上需要注意的问题有哪些?

（单长民）

实验七　致病基因的 RFLP 连锁分析

【实验目的】

了解 PCR-RFLP 进行致病基因连锁分析的实验原理、技术方法及临床应用。

【实验原理】

连锁是指同一染色体上相互靠近的基因一起遗传。通过基因与 DNA 标记之间的是否紧密连锁来分析患者是否携带致病基因。

限制性片段长度多态性-聚合酶链反应技术(restriction fragment length polymorphism, PCR-RFLP）的基本原理是用 PCR 扩增目的 DNA，扩增产物再用特异性内切酶消化切割成不同大小片段，直接在凝胶电泳上分辨。不同等位基因的限制性酶切位点分布不同，产生不同长度的 DNA 片段条带。即运用 PCR 技术，设计一对引物，扩增 DNA 片段，使扩增片段包含一个已知的杂合频率高的多态性酶切位点，用该限制性内切酶酶解，然后用琼脂糖凝胶电泳，用紫外检测分析仪分析酶解产物。根据酶切图谱即可进行家系中各成员的基因连锁分析。

甲型血友病即可通过 PCR-RFLP 方法进行间接诊断。即利用致病基因内外的 RFLP 作为特异分子遗传标志物，通过家系成员间的连锁关系确定血友病基因的遗传情况，进行DNA 多态性的遗传学分析，诊断率可达 99%，这种基因连锁分析间接基因诊断方法，为甲型血友病携带者的检出开辟了新途径。

【实验用品和材料】

1. 试剂

(1) DNA 样品：浓度以 0.3～0.6mg/ml 为宜。

(2) 引物：上游引物：5′-TAAAAGCTTTAAATGGTCTAGGC-3′

下游引物：5′-TTCGAATTCTGAAATTATCTTGTTC-3′

(3) PCR 试剂。

(4) Bcl Ⅰ限制性内切酶。

(5) PCR Marker、溴乙锭(EB)、loading。

(6) 电泳缓冲液：0.5×TBE。

(7) 琼脂糖。

2. 仪器、材料　Eppendorf 管、离心管、吸管、加样器、枪头、PCR 仪、电泳仪、电泳槽、离心机、水浴箱、可见紫外检测分析仪。

【实验方法和步骤】

1. PCR 反应体系(总体积 50μl)

10×buffer	5μl
dNTPs	5μl
$MgCl_2$	5μl
模板 DNA	1μl
primer1	2μl
primer2	2μl
Taq 酶	2U
H_2O	28μl

2. PCR 反应条件

变性	94℃，30s；
退火	42℃，30s；
延伸	72℃，45s。

共 30 个循环。

3. PCR 产物的限制性内切酶酶解

(1) 在 0.5ml 的 Eppendorf 管中依次加入 10×buffer 2μ1、PCR 产物 10μ1、H_2O 6μl、Bcl Ⅰ 1μl。

(2) 混匀后离心 5s(15 000r/min) 52℃保温 4h。

4. 电泳　用 3%琼脂糖凝胶电泳分离酶解片段。

5. 结果　电泳结果如只出现一条带，即一条 142bp 的片段，说明 FⅧ基因 18 外显子没有 Bcl Ⅰ酶切位点(没有多态位点)存在；如果显示两条带，即产生 99bp、43bp 两条片段，说明有 Bcl Ⅰ酶切位点(有多态性位点)存在；如果显示三条带，即 142bp、99bp、43bp 三条片段，说明 DNA 双链中一条没有酶切位点，一条有酶切位点，即血友病的携带者的检出结果。见图 4-6。

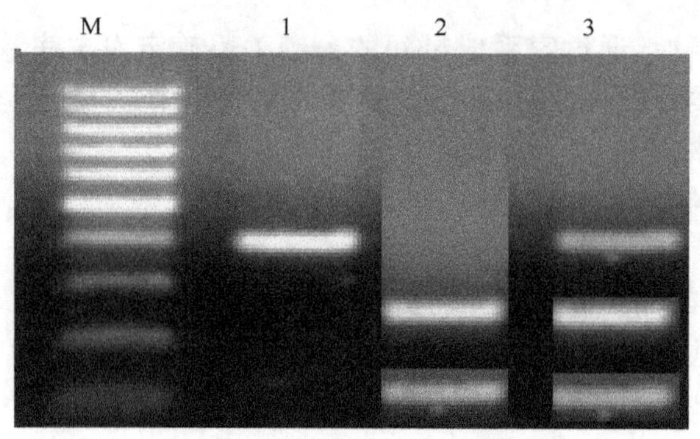

图 4-6 Bcl Ⅰ位点的酶切结果

【注意事项】

(1) PCR 产物进行酶解时，如果酶解要求的缓冲液与 PCR 缓冲液的成分浓度、pH 相同或相近，则只需补加适量 NaCl、$MgCl_2$，即可直接进行 PCR 产物的酶解。如果两者相差甚远或上述酶解效果不佳，应将 PCR 产物分离纯化后再酶解。分离纯化可采用 2.5 倍体积 95%冷乙醇溶液沉淀，70%冷乙醇溶液洗涤两次，待沉淀中的乙醇挥发后溶于 20μl 消毒双蒸水中。亦可用 sephdex G50 柱纯化。

(2) PCR-RFLP 法要求必须有先证者的 DNA 样品，母亲系多态位点的携带者，联合多个 RFLP 才可诊断，否则不能进行 RFLP 分析。

(3) 酶解必须彻底，否则会导致错误的基因分析结论。

【作业与思考题】

(1) 实验报告：将电泳结果用简图形式画在实验报告上，分析结果，得出结论。

(2) PCR-RFLP 进行致病基因连锁分析技术的基本原理是什么?

(3) 什么是 RFLP? 怎样利用 RFLP 进行致病基因连锁分析?

(4) 进行 PCR-RFLP 致病基因连锁分析时需注意哪些问题?

（张子波）

实验八 PCR-SSCP 检测分析技术

【实验目的】

了解 PCR-SSCP 检测技术的基本原理和实验流程。

【实验原理】

1984 年，日本研究者将获得的大肠杆菌正常和突变 F_1-ATPase 基因酶切后进行电泳，发现含点突变的 DNA 小片段在中性聚丙烯酰胺凝胶中的单链电泳迁移率与相应正常的 DNA 小片段的单链电泳迁移率明显不同。两个 DNA 片段即使只有一个碱基不同，经中性聚丙烯酰胺凝胶电泳时，单链迁移率也会不同。把这种由于碱基序列的差异表现出的多态现象称为 DNA 的单链构象多态性(single strand conformation polymorphism，SSCP)。

聚合酶链反应-单链构象多态性是利用 PCR 技术把目的基因片段在体外扩增，PCR 产物经变性后进行单链 DNA 凝胶电泳时，每条单链泳动到一定的位置，目的 DNA 片段中若发生单个碱基缺失、插入或置换时，就会出现泳带位置变化，从而提示该片段有变异存在。

基本过程如下：①PCR 扩增目的 DNA；②PCR 扩增产物变性，使之成为具有一定空间结构的单链 DNA 分子；③将单链 DNA 进行聚丙烯酰胺凝胶电泳；④最后通过放射性自显影、银染或溴乙锭显色分析结果。该技术简便、快速、灵敏，但它只能作为一种突变检测方法，要最后确定突变的位置和类型，还需进一步测序。见图 4-7。

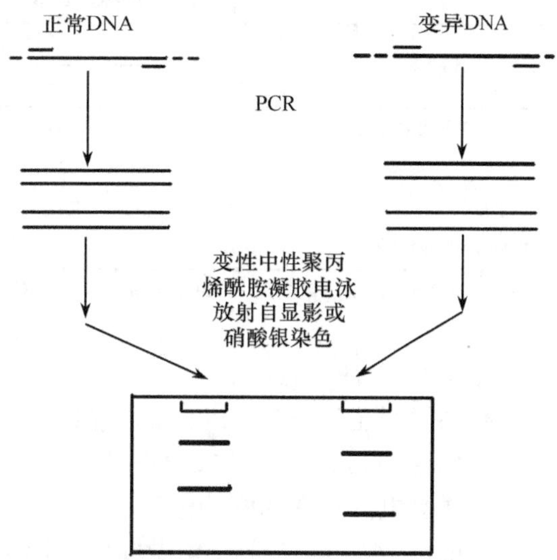

图 4-7　PCR-SSCP 实验原理示意图

【实验用品和材料】

1. 试剂

(1) 30%丙烯酰胺溶液：100ml 水中加入丙烯酰胺 29g，*N-N*-甲叉双丙烯酰胺 1g。

(2) 碱变性储存液：0.5mol/L NaOH 溶液，10mmol/L EDTA 溶液。

(3) 终止液：1ml 甲酰胺，20μl 0.5mol/L EDTA 溶液(pH8.0)，50μl 1%溴酚蓝溶液。

(4) 硝酸银液：300ml 水中加入 450μl 甲醛，3ml 100mg/ml $AgNO_3$ 液。

(5) 显色液：300ml 水中加入 9g Na_2CO_3，450μl 甲醛，300μl 2mg/ml $Na_2SO_3 \cdot 5H_2O$。

(6) 10%冰乙酸溶液：450ml 水中加入 50ml 冰乙酸。

(7) 95%甲酰胺溶液：甲酰胺 95μl，0.5mol/L EDTA 溶液 5μl。

2. 仪器、用品　Eppendorf 管、离心管、吸管、加样器、枪头、DNA 扩增仪、电泳仪、电泳槽、离心机、水浴箱。

【实验方法和步骤】

(1) PCR 扩增目的 DNA 片段(＜400bp)：在 0.5 ml 离心管中加入 10μmol/L Primer1 溶液 2μl，10μmol/L Primer2 溶液 2μl，2.5mmol/L dNTPs 溶液 3μl，5×buffer 5μl，25μmol/L $MgCl_2$ 溶液 1.5μl，MilliQ 29.5μl，Taq 酶 2U，DNA 模板 7μl。于 PCR 仪上 30 个循环扩增。

(2) 配胶：在 100ml 小烧杯中加入 30%丙烯酰胺溶液 12.8ml，5×TBE 7ml，水 12.8ml，甘油 2ml，TEMED 20μl，10%过硫酸铵溶液 0.4ml。立即倒入准备好的玻璃板制胶槽内，插入梳子，凝固 2～3h。

配制丙烯酰胺的浓度应视检测的 DNA 片段大小而定，具体见表 4-4。而制备的聚丙烯酰胺凝胶所用试剂的体积见表 4-5。

表 4-4 在小于 1kb 长度的情况下，DNA 片段长度与丙烯酰胺的浓度选择如下：

表 4-4　丙烯酰胺的浓度与分离 DNA 片段的大小

DNA 片段长度(核苷酸数)	丙烯酰胺溶液(%)
700～1000bp	3.5
500～700bp	5
200～500bp	8
200bp	12

表 4-5 制备聚丙烯酰胺凝胶所用试剂的体积

试剂	制备不同浓度(%)凝胶所用试剂的毫升数				
	3.5%	5.0%	8.0%	12.0%	20.0%
30%丙烯酰胺溶液	11.6	16.6	26.6	40.0	66.6
双蒸水	67.7	62.7	52.7	39.3	12.7
5×TBE*	20.0	20.0	20.0	20.0	20.0
10%过硫酸铵溶液	0.7	0.7	0.7	0.7	0.7

注：*54g Tris 碱、27.5g 硼酸、20ml 0.5mol/L EDTA 溶液(pH8.0)

(3) 300V 电压下预电泳 1h。

(4) 加样样品的处理：8μl 水加碱变性储存液 1μl，再加 1μl PCR 扩增产物的混合物，在 50℃水浴 10min，立即加 2μl 终止液。

(5) 样品电泳：在 300V 电压下电泳 10min。

(6) 染色：胶切去左下一角做标记→10%冰乙酸溶液固定 20min→水洗 3 次，各 2min→$AgNO_3$ 溶液中染色 30min→弃银染液→水洗 1 次，约 30s→还原显色，时间以电泳带深浅与背景对比而定→10%冰乙酸溶液终止反应 5min→水洗后滤纸覆盖胶上，使胶黏附于纸上并覆盖保鲜膜→80℃真空干燥 2h。

【实验结果判断】

染色后进行 SSCP 条带分析，理论上如果序列中有单个碱基改变，就会出现 SSCP 的异常泳动带，如果在检测中出现异常条带的样本原则上均进行测序确定基因型。在进行 SSCP 前首先要通过 PCR 扩增出特异性好的产物(琼脂糖电泳不能有过强的拖尾)。

图 4-8 为脂联素基因第三外显子部分 DNA 片段，检测 H241R 多态突变 PCR-SSCP 结果。仅为两个条带的样本，理论上可为野生纯合体或突变纯合体，四条条带为突变杂合体，通过测序确定基因型。

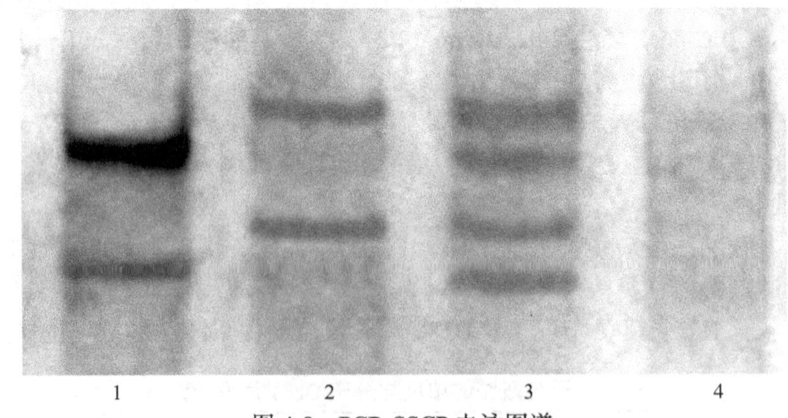

图 4-8 PCR-SSCP 电泳图谱

1. 为野生纯合型；2. 为突变纯合型；3. 为杂合突变型；4. 阴性对照

【注意事项】

(1) 重复性：影响 SSCP 重复性的主要因素为电泳的电压和温度。这两个条件保持不变，SSCP 图谱可保持良好的重复性。为了使单链 DNA 保持一定的稳定立体构象，SSCP 应在较低温度下进行(一般 4～15℃之间)。在电泳过程中除环境温度外，电压过高也是引起温度升高的主要原因，因此，在没有冷却装置的电泳槽上进行 SSCP 时，开始的 5min 应用较高的电压(250V)，以后用 100V 左右电压进行电泳。这主要是由于开始的高电压可以使不同立体构象的单链 DNA 初步分离，而凝胶的温度不会升高。随后的低电压电泳可以使之进一步分离。

(2)靶 DNA 序列长度：在实验中发现 SSCP 对短链 DNA 或 RNA 的点突变检出率要比长链的高，这可能是由于长链 DNA 和 RNA 分子中单个碱基的改变在维持立体构象中起的作用较小的缘故。有人认为在 DNA 链较短的(400bp 以下)情况下，DNA 的长度不会影响 SSCP 的效果。

(3)SSCP 的结果断定：有时正常链与突变链的迁移率很接近，很难看出两者之间的差别。因此一般要求电泳长度在 16～18cm 以上，以检测限为指标来判定结果。检测限是指突变 DNA 片段与正常 DNA 片段可分辨的电泳距离差的最小值。例如，一般检测限定为 3mm，当两带间距离在 3mm 以上，说明两链之间有改变。

【作业与思考题】

(1)实验报告：将 PCR-SSCP 电泳结果用简图形式画在实验报告上，分析结果，得出结论。

(2)PCR-SSCP 检测技术的基本原理是什么?

(3)进行 PCR-SSCP 检测时，操作上需注意哪些问题?

(金艳花)

实验九 PCR 双链 DNA 循环测序技术

【实验目的】

(1)熟悉 DNA 序列测定的基本原理。

(2)了解自动测序实验过程。

【实验原理】

用一种核苷酸类似物，抑制在 DNA 聚合酶作用下按需测序的模板而进行互补链的合成。像 PCR 反应一样，在一段寡聚核苷引物的作用下 DNA 开始合成，并被参入标有荧光元素的核苷酸。将某个碱基类似物参入时，DNA 合成即被中断，序列信号也由此而来。

2′，3′ddNTP 与普通 dNTP 不同之处在于它们在脱氧核糖的 3′位置缺少一个羟基。它们可以在 DNA 聚合酶作用下通过其 5′三磷酸基团掺入到正在增长的 DNA 链中，但由于没有 3′羟基，它们不能同后续的 dNTP 形成磷酸二酯键，因此，正在增长的 DNA 链不能继续延伸。这样，在 DNA 合成反应的 4 种普通 dNTP 中加入少量的一种 ddNTP 后，链延伸将与偶然发生但却十分特异的链终止展开竞争，反应产物是一系列的核苷酸链，其长度取决于从用以起始 DNA 合成的引物末端到出现过早链终止的位置之间的距离。在 4 组独立的酶反应中分别采用 4 种不同的 ddNTP，结果将产生 4 组寡核苷酸，它们将分别终止于模板链的每一个 A、每一个 C、每一个 G、每一个 T 的位置上。这个样品用凝胶电泳进行分离时，会见到一系列放射性的条带，它的位置与 C 所在的位置相对应。以此类推，作 A、T、G 的反应。四个反应在电泳凝胶上会构成一个梯队，这样就可以确定被分析 DNA 的核苷酸序列(图 4-9)。

自动测序的优点之一是荧光发色基团吸收了激光束提供的能量而发射光信号，信号被探测器检测到并传送至计算机，经整理显示出四种彩色图像。

NTP　　dNTP　　ddNTP

三磷酸核糖核苷酸(NTP)、三磷酸脱氧核糖核苷酸(dNTP)、三磷酸双脱氧核糖核苷酸(ddNTP)的结构

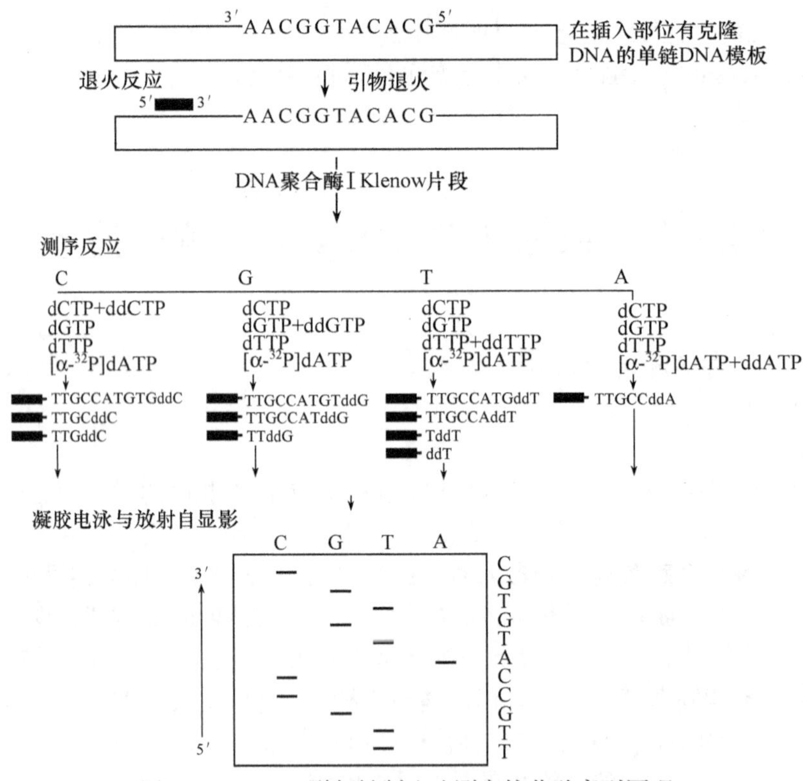

图 4-9　DNA 双脱氧链制止法测定核苷酸序列原理

【实验用品和材料】

1. 试剂

(1) 10×TBE：194.00g Tris，99.00g Boric acid，7.44g EDTA，加去离子水至 200ml。

(2) 40%聚丙烯酰胺：丙烯酰胺(测序级) 190g，*N*，*N*′-甲叉丙烯酰胺 10g，加去离子水 500ml，搅拌 20min。加一汤匙 MB-树脂，磁力搅拌 30min(过滤，装入棕色瓶内，置 4℃

保存)，也可购买已商品化的40%聚丙烯酰胺(19∶1)产品，直接使用。

(3) 10%过硫酸铵溶液(*W*/*V*)：1.0g过硫酸铵，加去离子水10ml，溶解后置4℃，使用期应<1周。

(4) 6%聚丙烯酰胺-尿素胶：960g尿素，120ml 10×TBE，先加水1000ml，稍做加热，持续搅拌，完全溶解后，用0.45μm孔径的过滤器去除杂质，再加入300ml 40%聚丙烯酰胺溶液，补加去离子水，至总体积2000ml，置4℃保存。

(5) Perkin- Elmer Sequencing Kit。

2. 仪器、用品 Eppendorf管、离心管、加样器、枪头、DNA扩增仪、高压电泳仪、电泳槽、ABI PRISM 3700 DNA自动测序仪、离心机、水浴箱、记号笔。

【实验方法和步骤】

1. 测序胶的制备(以PE公司生产的ABI PRISM 3700 DNA自动测序仪为例) 凝胶本身及胶板上的任何污染物所放射出的荧光均会被当作信号收集。所以，在序列胶制备的过程中，很关键的是消除一切可能产生荧光的物质。

(1) 胶板的清洗和组装

1) 洗制胶玻璃板时可用塑料刷(公司专门配备)或松软的海绵沾少许洗涤剂擦洗，但一定要用温水反复多次冲洗，以除去残留的洗涤剂，再用蒸馏水冲洗干净。

2) 用95%的乙醇擦洗玻璃板内面，2～3次，再用镜头纸擦干。

3) 分别将擦洗干净的玻璃间隔片(易碎，应小心操作)放在玻璃板和恒温板的边缘固定位置。

4) 两边用强力夹对称扣紧，调好制胶玻璃板的水平后，即可灌胶。

(2) 聚丙烯酰胺-尿素胶的配制：核苷酸序列的数量和质量都取决于聚丙烯酰胺的质量，而丙烯酰胺浓度则取决于待分析DNA片段的长短。选用6%聚丙烯酰胺胶可读出距离引物5′端25～400bp之间的序列，如果要读出距引物5′端更远的序列，可选用4%～5%的聚丙烯酰胺来测定，反之，要选择高浓度的聚丙烯酰胺凝胶。另外，如果适当降低ddNTP/dNTP浓度比例，便可测到较长的可读序列DNA片段。

(3) 制胶

1) 230μl过硫酸铵加到60ml 6%聚丙烯酰胺-尿素胶内，混匀后，再加75μl TEMED，迅速转动烧杯，混匀溶液。

2) 用50ml注射器吸入胶溶液，从胶板一侧线性平行，连续缓慢灌注，避免出现气泡。

3) 在胶板的上方，插入平端梳子。灌制后可在2～24h之间使用。

注意：

(1) 在配制胶溶液和制胶的过程中，要戴手套，因为丙烯酰胺有强烈神经毒素，经皮肤吸收，在称取粉末时，注意呼吸道吸入。

(2) 用蒸馏水冲洗胶板或用镜头纸擦干胶板时，动作要轻，以防破坏玻璃板内的硅化层。

(3) 如果用乙醇擦洗时，一定要等乙醇挥发尽，才可制胶。

(4) 灌胶用的注射器，每次用后，用热水冲洗，再用蒸馏水冲净，以防堵住。

2. 测序模板DNA聚合酶延伸反应 这一过程能提高信号强度，减少操作复杂性及DNA聚合酶的用量。确保测序的可重复性和可靠性。使用Perkin- Elmer Sequencing Kit，使测序反应极为方便，组成如下：

ddH_2O 18μl，Cy5标记引物*2μl，PCR产物2～3μl，10×反应缓冲液4μl，ddNTP 2μl，

DMSO 2μl。

注：Cy5 标记引物*目前有两种方法：①以 5′端标记的引物，适用于以引物渐进法测序，也可用于 PCR 产物的直接测序。在合成引物时，引物的 5′端被标记上荧光素。②荧光素标记核苷酸（Fluore-dATP 或 Fluore-dCTP），其优点是：一个反应物上能有多个标记，提高了检测的灵敏度。同时扩大了测序的范围，多种模板均可用这种引物。

操作步骤：

(1) 用记号笔标记好 0.5ml 彩色 Eppendorf 管的序号，例如：

10 个绿色管	1A～10A
10 个蓝色管	1C～10C
10 个黄色管	1G～10G
10 个红色管	1T～10T

如无 4 种颜色的彩管，可分别标上 A、C、G、T，再写好序号。

(2) 在一个 1.5ml 灭菌的 Eppendorf 管，配制 N 个样品的混合液：

ddH_2O	18μl	18N+18μl
Primer	2μl	2N+2μl
10×缓冲液	4μl	4N+4μl
DMSO	2μl	2N

混匀，离心，置于冰中。

(3) 将 2～3μl DNA 模板（根据 PCR 电泳带的亮度），加在 1 个 0.5ml Eppendorf 管中，如有 10 个测序模板，就要在每个管上写好序号，例如：1，2，3…10。

(4) 从步骤(2)的管中，吸出 26μl 混合液，加到步骤(3)的 1 号管中，其余的 2，3，4，5…10 管依此类推，均加入 26μl 的混合液，用微量加样器轻轻上下混匀，避免出现气泡，短暂离心。

(5) 加 2μl ddNTP 到步骤(1)的各管中：

2μl ddATP 到	1A～10A
2μl ddCTP 到	1C～10C
2μl ddGTP 到	1G～10G
2μl ddTTP 到	1T～10T

(6) 从步骤(4)的 1 号管中依次吸出 6μl（每次量一定要均等）加到步骤(1)中与 1 号管相对应的 1A，1C，1G 和 1T 管中，2 号…10 号管照此步骤加到与各自序号相同的 A，C，G，T 管中。加样时注意微量加样器滴头不要碰到各管下面的 NTP。

(7) 在各反应管中加一滴液体石蜡，短暂离心。

(8) 将样品放人 PCR 仪内，按下列条件启动热循环反应：

反应参数（用于 λZAP 载体）：94℃ 2min；94℃ 30s，50℃ 15s，72℃ 1min，20 个循环；94℃ 30s，72℃ 1min，15 个循环。

(9) 当热循环反应温度降到 4℃时，在各管中加入 4μl stop solution 终止反应，振荡或用手指弹匀使其终止作用完全，短暂离心，可立即上样或置−20℃。

3. 样品上样和电泳

(1) 上样前，将样品 90℃加热变性 5min，迅速插入冰中。

(2) 开机并将胶板固定在仪器上，在上、下电泳槽倒入 2000ml 0.6×TBE 电泳缓冲液。

(3)输入各项电泳参数，当激光值>500，并已稳定时，即可开始上样。

(4)轻轻拨出梳子，用注射器吸取槽内的电泳缓冲液并用 7 号注射针头冲洗胶口，至少 3 次。

(5)每孔上样 6～8μl。一份样品分别加入 A、C、G、T 四个泳道，每板胶可测序 10 份样品。

(6)接通电源，在恒定功率下电泳。

注意：自动测序仪为高压电泳，电压范围在 0～5000V，一般设定在 1500V 左右，所以在电泳时，切勿打开电泳箱，如有情况需要停机时，要按暂停键，待高压指示灯熄灭后，方可打开。

4. 核苷酸序列的阅读　自动测序仪连续采集的数据在计算机中储存并迅速加以处理，结果清晰准确，分辨率很高。操作人员可以根据显示屏上的彩色显示图像准确地分辨出某一 DNA 样本的碱基排列顺序。读序时根据计算机软件中碱基的代表符号，进行阅读和编辑。大多数软件采用国际生化联合会标准碱基符号(IUB standard nucleotide codes)(表 4-6)。

表 4-6　国际生化联合会标准碱基符号

符号	含义	碱基
A	腺嘌呤(adenine)	A
C	胞嘧啶(cytosine)	C
G	鸟嘌呤(guanine)	G
T 或 U	胸腺嘧啶(thymine)或尿嘧啶(uracil)	T 或 U
R	嘌呤(purine)	A 或 G
Y	嘧啶(pyrimidine)	C 或 T
S	强结合(三对氢键)(strong)	G 或 C
W	弱结合(两对氢键)(weak)	A 或 T
K	含酮基(keto)	G 或 T
M	含氨基(amino)	A 或 C
B	非 A	G 或 C 或 T
D	非 C	A 或 G 或 T
H	非 G	A 或 C 或 T
V	非 T、U	A 或 C 或 G
N(或 X)	任意或未知(any)	任意碱基及空位

读序时一般读两次，并将两次结果输入到计算机，进行结果比较，并增亮显示有差异的区域，对于难确定的碱基，可参照计算机同步记录下的电泳带图形进行对照(可购买到此软件)。读序时要将 DNA 片段中碱基的错误率控制在 2%以内，一旦不确定的碱基累计已达 2%，而且继续向下读不能降低这个比率时，应终止读序。对于很重要的克隆，可做亚克隆，读双链序列，确保结果正确(图 4-10)。

序列通过 http：//www.ncbi.nlm.nih.gov/核酸/蛋白数据库做同源性分析及相关性信息检索。

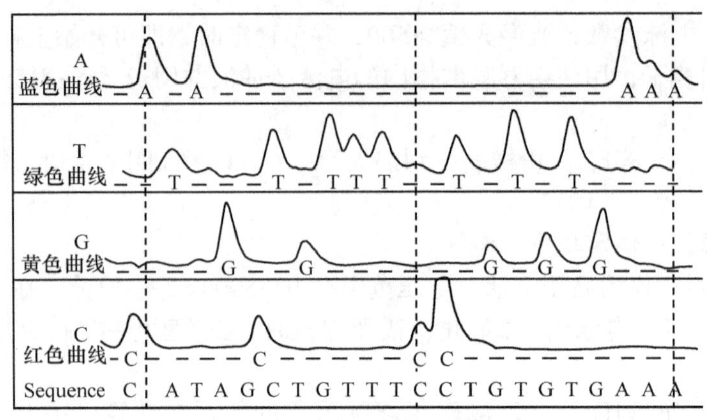

图 4-10 自动测序仪读序结果

5. 测序全程常见问题和解决办法(表 4-7)

表 4-7 测序全过程问题和解决办法

种类	常见问题	可能原因	解决办法
模板	出现假带	(1)缺口 DNA 的形成或者是 RNA 碎片在序列中起到随机引物作用	控制 37℃培养时间及接菌数量
		(2)挑取两个以上克隆的混合斑	严格噬菌斑生长时间；仔细挑取单噬斑
		(3)收获的平板在 4℃保存时间长使菌体颗粒在上层琼脂糖中扩散	及时挑斑
		(4)单链模板反复冻融	重新提取
引物	序列弱；假带多	(1)引物浓度低或因反复冻融 (2)引物浓度过高	引物分小管置-20℃；选择合适浓度
序列反应	假带多	(1)在保证模板质量前提下，聚合酶也可引起假带	聚合酶避免多次冻融；应临用前加酶
		(2)核苷酸混合液交叉污染	及时更换滴头
电泳	灌胶时形成气泡	(1)玻璃板未洗净有油脂	玻璃板应反复多次冲洗
		(2)灌胶时不流畅	灌胶要连续加入不断流
	带型失真	(1)配胶不当	要用测序级的尿素配制溶解时水温<50℃，4℃保存<1 个月
		(2)电泳缓冲液沉淀析出严重	及时更换缓冲液
		(3)样品变性过度	90～94℃ 5min
序列本身问题	条带强度	由于存在 ACG 带	
	假带压缩现象	当 TGCC 或 GCA 时易出现假带，GC 丰富区，可能有二级结构存在	

【作业与思考题】

(1)实验报告：用简图形式画出 DNA 序列测定结果，分析其结果，得出结论。

(2)DNA 序列测定技术的基本原理是什么?

(3)进行 DNA 序列测定，操作时需要注意的问题有哪些?

(单长民)

第五部分　临床遗传学实验

实验一　人类遗传病学习(观看影视教材)

【目的要求】

(1)通过观看人类遗传病录像资料，熟悉人类遗传病的基本概念、特征和分类，并对各类遗传病的发病机理有所了解。

(2)通过遗传病的学习，初步掌握各类遗传病的主要临床特点和实验室检查特征，并对各类遗传病的诊断、治疗和预防有初步的了解。

【人类遗传病学习录像带内容简介】

本录像带资料是由上海复旦大学医学院医学遗传学教研室录制的影视教材。本片根据遗传病的特点，分单基因病、多基因病和染色体病三个方面介绍了各类遗传病的主要临床表现和体征、遗传规律、发病机理，并对每种遗传病的诊断、治疗和预防方面的问题进行了形象具体的说明。本片选择的一些较罕见的遗传病在临床上往往不易见到，通过本片的学习会给学生留下深刻的印象。由于本片对遗传病的介绍具有生动形象的特点，学生易于接受。是“医学遗传学”学习的辅助教材。

【实验用品】

(1)彩色电视机、录像机、VCD 播放机。

(2)人类遗传病的录像带或 VCD 光盘。

【实验方法和步骤】

(1)教师简要介绍本教学片的内容和观看注意事项。

(2)学生集体观看“人类遗传病”教学片。

(3)教师组织学生讨论、总结。

【作业与思考题】

(1)根据观看录像的内容，列出各种单基因遗传病和染色体病，写出各自基因型或核型，简单介绍其特征，并填入表 5-1 和表 5-2。

表 5-1　人类单基因遗传病

遗传病种类	疾病名称	基因型	主要特征
常染色体显性遗传病			
常染色体隐性遗传病			

续表

遗传病种类	疾病名称	基因型	主要特征
X连锁显性遗传病			
X连锁隐性遗传病			

表 5-2 人类染色体遗传病

遗传病种类	疾病名称	核型	主要特征
常染色体遗传病			
性染色体遗传病			

(2)实验报告：通过观看“人类遗传病”教学片，谈谈你对人类遗传病的认识。

(3)什么是遗传病？遗传病如何分类？

(4)遗传病有什么基本特征？

（王修海）

实验二 遗传病系谱分析

【实验目的】

(1)通过对遗传病系谱分析，掌握单基因遗传病的4种传递方式及其特点。

(2)掌握系谱绘制及进行系谱分析的方法。

【实验原理】

系谱分析(pedigree analysis)是研究人类遗传病常用的方法之一，在进行系谱分析时，要从先证者(proband)入手，详细调查其所有的家族成员的数目、亲属关系以及具有某种性状或疾病的家族成员的分布等，应用规定的符号和格式绘制成反映家族各成员相互关系和性状或疾病发生情况的图解，然后根据性状或疾病在家系中的传递方式来推断该性状或疾病是否具有遗传因素的作用以及可能的遗传方式，从而对该家系的后代进行发病风险的估计，为预防某些遗传病提供依据。

【实验方法与步骤】

(1)教师简要介绍系谱分析方法和注意事项。

(2)教师组织学生分组讨论、分析各系谱。

(3)学生运用所学的遗传规律，对下列A至J 10个系谱(图5-1～图5-10)进行分析讨论，判断各系谱的传递方式及其特点，并写出患者及其父母可能的基因型。用遗传学相关理论解释系谱中出现的特殊现象，并预测一些个体今后产生遗传病后代的可能性。

(4)将讨论结果写成实验报告。

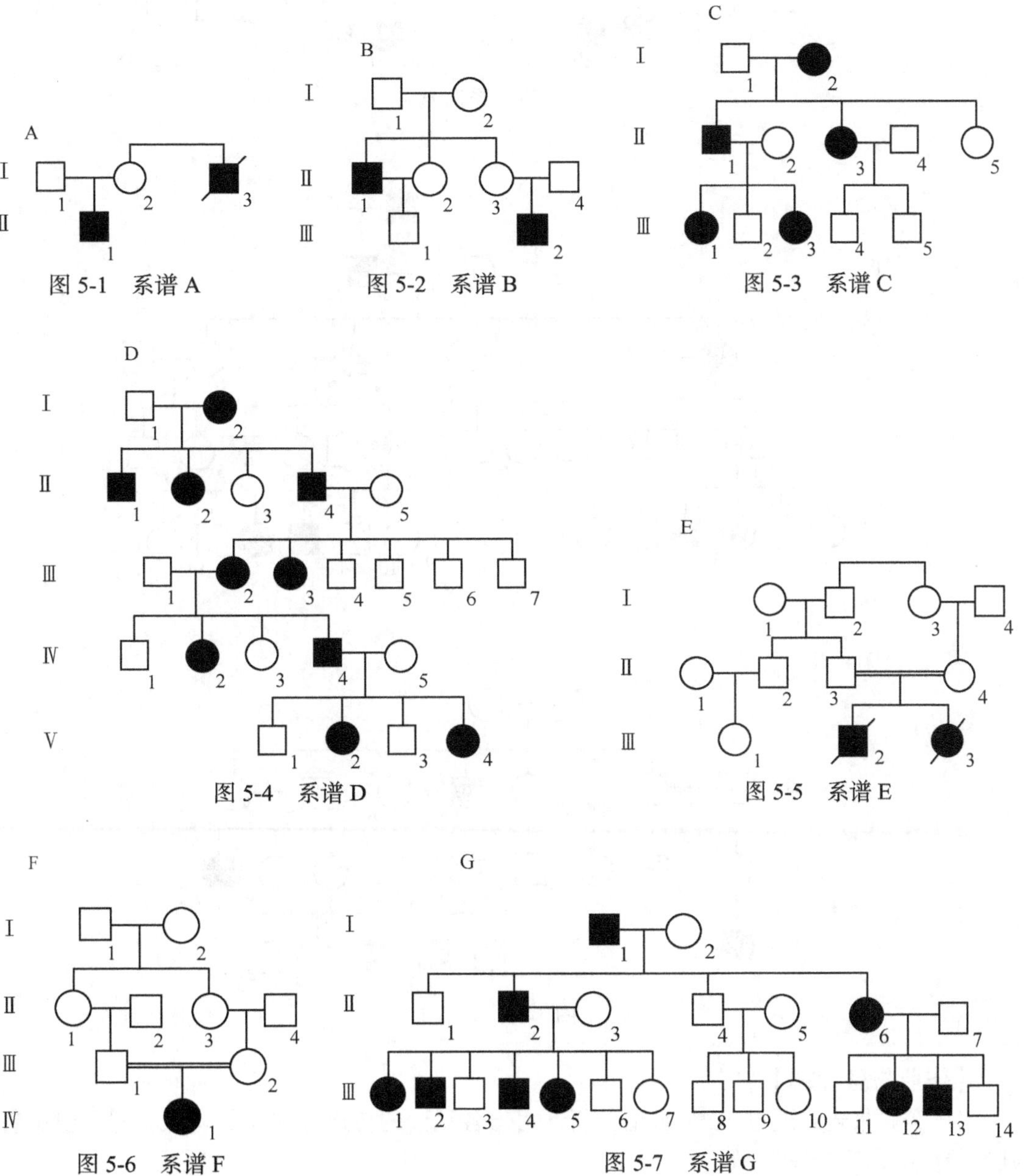

图5-1　系谱A

图5-2　系谱B

图5-3　系谱C

图5-4　系谱D

图5-5　系谱E

图5-6　系谱F

图5-7　系谱G

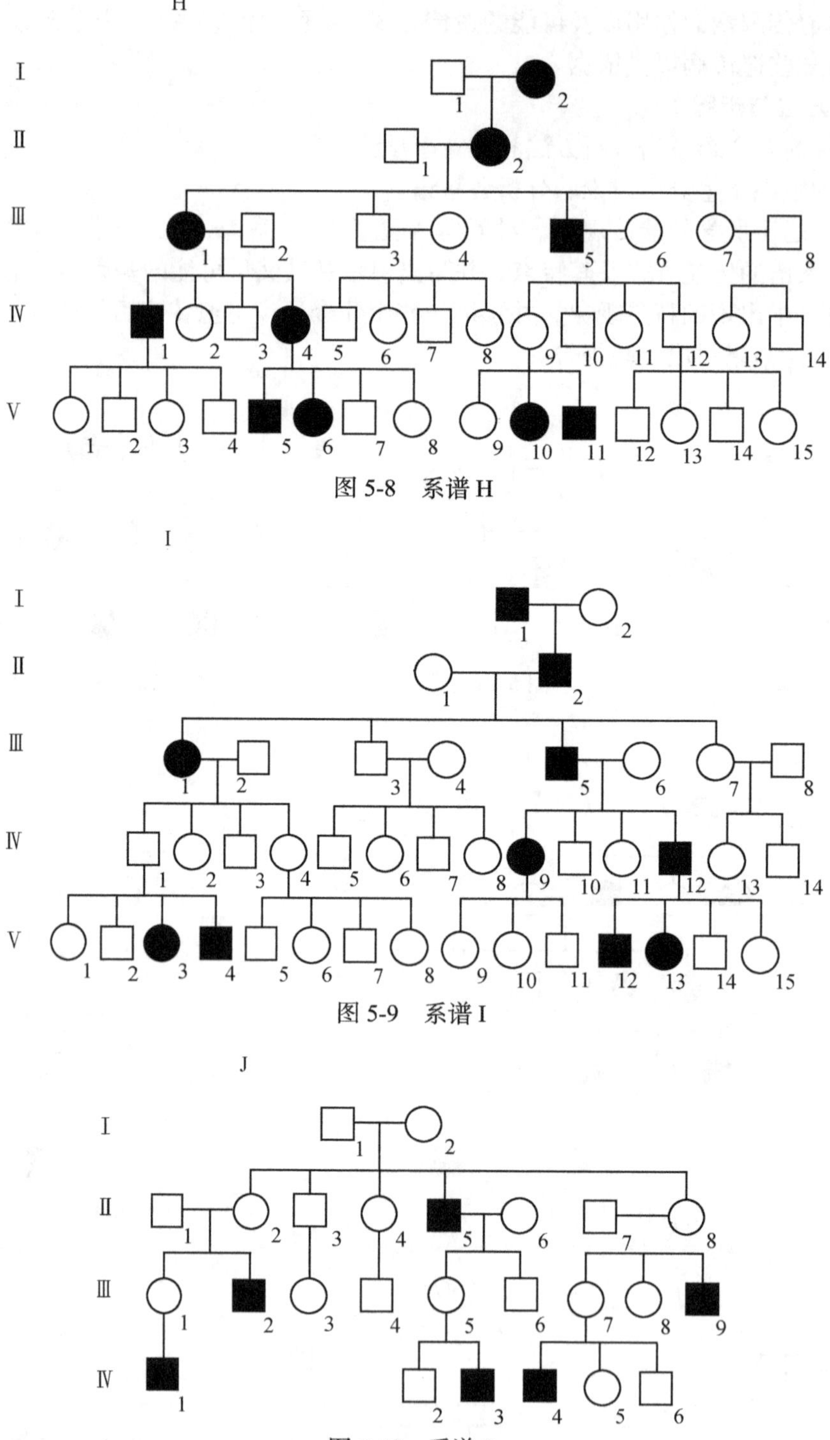

图 5-8 系谱 H

图 5-9 系谱 I

图 5-10 系谱 J

【作业与思考题】

(1)实验报告：通过 10 个系谱分析，写出各系谱的传递方式及其特点，并写出患者及其父母可能出现的基因型。

(2)单基因遗传病的传递方式有哪些？各有何特点？

(李 莉)

实验三 遗传咨询

【实验目的】

(1)熟悉遗传咨询的一般过程。

(2)通过对单基因病(或性状)的系谱分析，熟练掌握系谱分析的一般方法。

(3)熟练掌握遗传病再发风险的估计方法。

【实验原理】

遗传咨询是医师或从事医学遗传学的工作人员用遗传学和临床医学的基本原理，确定某病是否为遗传病、遗传方式、再发风险、如何防治等一系列问题，然后回答患者及家属提出的有关疾病的各种遗传学问题，并提出建议和指导。所以，从事遗传咨询的工作人员除具备临床医学的知识外，还必须具备医学遗传学的基本知识，了解遗传病与其他临床疾病的鉴别诊断，掌握系谱分析的原理和方法，熟悉遗传病再发风险估计等。遗传咨询一般包括下列几个步骤：①询问、查体、实验室检查、收集家族史，绘出系谱图；②依据第一步获得的资料以及实验室的检查结果，判断某病是否为遗传病；③根据系谱分析判断遗传病的传递方式或可能的传递方式；④回答患者及有关人员所提出的各种遗传学问题，例如该遗传病的产生原因、诊断、预防、治疗及再发风险的评估等问题；⑤与患者及家属商谈，并帮助他们做出恰当的选择和确定最佳措施。遗传咨询是减少遗传病患儿出生的有效方法，对降低遗传病的群体发病率，提高人类的遗传素质具有重要意义，因此它是医学遗传学的一项重要研究内容。

【实验方法与步骤】

(1)教师简要介绍遗传咨询方法和注意事项。

(2)教师组织学生分组讨论、分析病例。

(3)学生运用遗传规律，对下列病例进行分析讨论，判断各系谱的传递方式及其特点，并写出患者及其父母可能出现的基因型。用遗传理论解释系谱中出现的特殊现象，并预测一些个体今后产生遗传病后代的可能性。

(4)将讨论结果写成实验报告。

病例一 某女曾生育过一先天愚型患儿，现再次妊娠，惧怕再生同病患儿前来咨询。应该怎样计算再发风险？

病例二 某种遗传病男女发病机会均等，而且发病的患者可出现在父母均正常的家庭中。现有一对表现都正常的姨表兄妹，准备结婚，虽然双方父母正常，但他们的舅表兄患有此病，所以前来咨询。

(1)请问此病的遗传方式如何？

(2)这对姨表兄妹都是携带者的可能性有多大？

(3)他们婚后生出此病患儿的概率是多大？

(4)如果他们均为携带者，那么他们婚后生出此病患者的可能性有多大？

病例三 某男性，38岁，两次结婚，第一妻妊娠8次均于妊娠2个月左右流产，故离婚，与第二妻婚后，女方受孕 3 次亦均在 3 个月内流产。请分析流产的原因以及能否再次妊娠。

病例四 一对夫妇生有苯丙酮尿症(PKU)的患儿，他们听说是遗传病后，前来咨询，问题是：

(1)他们两人及家庭各成员中全无这种病的患者，这怎么能算遗传病呢？

(2)是谁的问题？能不能治疗？他们再生一个孩子患 PKU 的可能性是多大？如何预防患儿的出生？

病例五 一对新婚夫妇，由于女方的弟弟患有白化病，害怕今后会生育白化病患儿前来咨询。

病例六 有一对外表正常的夫妇，怀孕 4 胎中，有两次流产，存活的长女表型正常，但其染色体数目为 45 条，存活的男孩是一个具有 46 条染色体的先天愚型患者。

(1)请解释男孩的发病原因。

(2)长女将来会发病吗？婚后会生出先天愚型患儿吗？如果能，是否能防止患儿的出生？

病例七 一对夫妇婚后，怀孕 5 次，其中 4 胎流产，1 胎多发畸形。经细胞遗传学检查丈夫为倒位携带者，他们还能否生出正常的孩子？如果能，表型正常的孩子的核型如何？

病例八 一位青年准备与他的姑表妹结婚，他们认为在他们的家系中从来没有过遗传病的患者，他们结婚对后代不会有影响。请从我国人群的遗传负荷是每人平均携带 5 个有害基因的角度说明他俩不宜结婚的原因。

病例九 如果苯丙酮尿症的群体发病率为 0.000 1，表兄妹婚后后代患苯丙酮尿症的概率有多大？是随机婚配的多少倍？

病例十 黑尿病(AR)的群体发病率为百万分之一，请问下列情况产生有病后代的概率是多大？

(1)两个正常的无亲缘关系的人结婚。

(2)一个 AR 患者与一个正常的无亲缘关系的人结婚。

(3)一个正常的人，其弟弟患 AR，他(她)与一正常的无亲缘关系的人结婚。

病例十一 一位女性表型正常，父母和两个哥哥表型也正常，但因她的两个舅舅患有假肥大型肌营养不良症(XR)前来咨询。

(1)她是携带者的可能性有多大？

(2)如她与正常男性结婚，婚后生男孩的复发风险是多大？生女孩的复发风险是多大？

(3)如果她婚后生了一个患者，如再生育，则生一个正常孩子的可能性是多少？

病例十二 Huntington 舞蹈症为常染色体显性遗传病，25 岁以前发病的占 10%，40 岁以后发病的占 60%。一位 25 岁的男性，表型正常，其外祖父患有该病，他的母亲现已 45 岁，表型也正常，请问他是携带者的可能性是多少？他将来的子女获得致病基因的风险是多少？

病例十三 一对夫妇生了一个软骨发育不全性侏儒患者，前来遗传咨询，询问再生一个孩子的复发风险有多大？

病例十四 一对刚结婚的青年男女，女方的弟弟患苯丙酮尿症(PKU)，婚后由于担心也生育 PKU 患儿而来进行遗传咨询。

病例十五　一对青年夫妇第一胎生出一个无脑儿的孩子，前来进行遗传咨询，问再次妊娠胎儿患神经管缺损的风险有多大？

病例十六　一女性，22 岁，由于本人无月经，外生殖器发育异常，前来求诊，咨询是否可结婚，婚后能否生育？

【作业与思考题】

(1)实验报告：将各病例的讨论结果写成实验报告。

(2)什么是遗传咨询？怎样进行遗传咨询？

(3)什么是遗传病再发风险？怎样估计各类遗传病的再发风险？

（王修海）

实验四　遗传病再发风险估计(Bayers 法)

【实验目的】

(1)熟练掌握遗传病再发风险的估计方法。

(2)掌握 Bayes 法在遗传咨询中的应用。

【实验原理】

在预测单基因遗传病的发病风险时，如果不考虑患者家系中实际遗传情况，而仅按染色体分离与遗传方式计算，所获得的 1/2 或 1/4 的发病或再发风险概率往往是不够准确的。1963 年，Bayes 提出一种确认两种相斥事件相对概率的理论。当将这一理论应用于遗传咨询时，它不仅考虑该病的遗传规律和基因型，而且考虑到该患者家系中的具体发病情况。因此，应用 Bayes 法能准确推算出单基因遗传病的发病风险或再发风险，故国际上在遗传咨询中已普遍应用这一计算方法。

应用 Bayes 法计算时常用的几个概念：

(1)前概率：指所研究事件的概率，不管其任何信息。提示一个个体是携带者的可能性(概率)是多少，不是携带者的可能性(概率)是多少。

(2)条件概率：考虑到事件的真实性情况或特殊条件的概率，即一个个体如果是携带者，可根据该家系中遗传的参考信息，计算出生有遗传病子女的概率和出生不是遗传病子女的概率。

(3)联合概率：即前概率与条件概率之乘积。

(4)后概率：两项联合概率的积，分别除去一项联合概率。

利用 Bayes 法的计算程序，即可更准确估计出各种单基因遗传病的发病风险或再发风险。

【实验方法与步骤】

(1)教师简要介绍 Bayes 法和计算程序。

(2)教师组织学生讨论、分析病例。

(3)学生运用遗传规律和 Bayes 法，对下列病例进行分析计算，估计一些个体今后产生遗传病后代的发病风险。

(4)将讨论结果写成实验报告。

例一　X 连锁隐性遗传病发病风险的估计

假肥大型肌营养不良症(DMD)是一种 XR 遗传病，以男性发病为主，患儿的母亲为携带者。以下图的一个 DMD 家系为例，说明 Bayes 法的计算程序与计算结果。

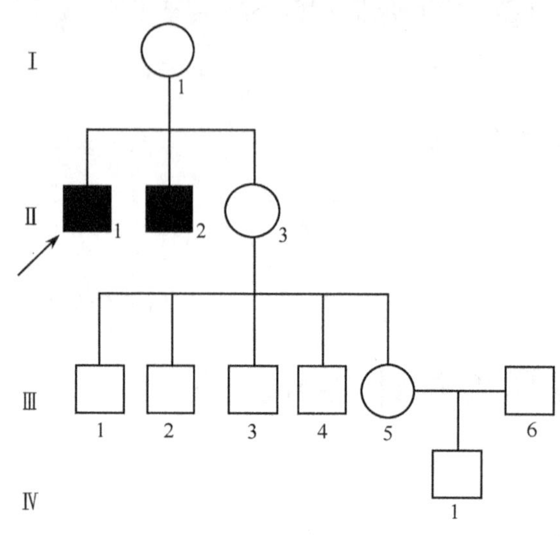

图 5-11　一个 DMD 系谱

如图 5-11 所示，咨询者询问的是$Ⅳ_1$将来发病风险如何。

如果按遗传规律计算，$Ⅱ_1$、$Ⅱ_2$都已发病，表明这一家系中，致病基因不是新突变产生，而是隐性致病基因携带者$Ⅰ_1$传来，即他们的母亲$Ⅰ_1$为肯定携带者，因此，$Ⅱ_2$是携带者的概率为 1/2，$Ⅲ_5$是携带者的概率为 1/4，$Ⅳ_1$发病的风险则是 1/8。

但是，如按 Bayes 法计算，则结果有所不同。首先图表所示，先计算$Ⅱ_3$是携带者的概率。在不考虑其生育的情况下，她是携带者的前概率为 1/2。但是，从系谱中寻找参考信息时可见，$Ⅱ_3$已生出$Ⅲ_1$、$Ⅲ_2$、$Ⅲ_3$、$Ⅲ_4$四个无病的儿子，这就是一个重要信息，因此，如果$Ⅱ_3$是携带者，她连生四个儿子都无病的概率是 1/2×1/2×1/2×1/2=1/16，如果$Ⅱ_3$不是携带者，她连生四个儿子都无病的概率是 1(16/16)，这是它们的条件概率与条件概率相乘，即得出各自的联合概率，分别为 1/32 和 16/32。将两项联合概率作为分母，将每项联合概率作为分子，即可得出各自的后概率，分别为 1/17 和 16/17。由此表明，$Ⅱ_3$是携带者的概率不是 1/2，而是降低为 1/17；相反，$Ⅱ_3$不是携带者的概率也不是 1/2，而增高到 16/17。见图 5-11，表 5-3。

表 5-3　$Ⅱ_3$是携带者的概率

	X^AX^a	X^AX^A		X^AX^a	X^AX^A
前概率	1/2	1/2	联合概率	1/32	16/32
条件概率	1/16	16/16	后概率	$\frac{1/32}{17/32}=1/17$	$\frac{16/32}{17/32}=16/17$

然后，再计算$Ⅲ_5$是携带者概率。由于$Ⅱ_3$是携带者的后概率为 1/17，所以$Ⅲ_5$是携带者概率的概率将为 1/17×1/2=1/34，从而可以估计$Ⅳ_1$的将来发病风险为 1/34×1/2=1/68。

结果表明按遗传规律和按 Bayes 法计算的$Ⅳ_1$病风险有较大的差异，由于 Bayes 法考虑到了全面信息，所以其计算的结果更能反映家系子女发病的真实情况，预测的发病风险更为准确、可靠。

例二　常染色体显性遗传病发病风险估计

Huntington 舞蹈症是一种晚发型的 AD 遗传病。现就图 5-12 本病的一个病例家系，说明按 Bayes 法计算$Ⅲ_1$发病风险的计算程序。

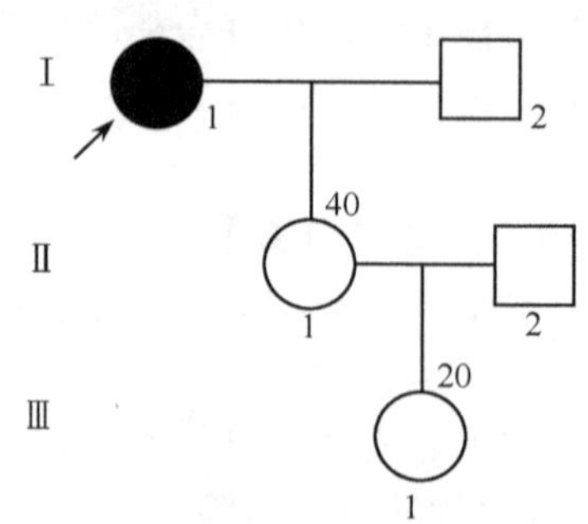

图 5-12　一个 Huntington 舞蹈症的系谱

如按遗传规律计算，Ⅰ$_1$为杂合体患者(Aa)，Ⅱ$_1$为杂合体的概率为1/2，Ⅲ$_1$为杂合体而将来发病风险为1/4。如按Bayes法计算，应先计算Ⅱ$_1$为杂合体(Aa)的概率。见表5-4。

表5-4 Ⅱ$_1$为杂合体的概率

	Aa	aa		Aa	aa
前概率	1/2	1/2	联合概率	3/32	10/20
条件概率	3/10	10/10	后概率	3/13	10/13

如表5-4所示，Ⅱ$_1$杂合体和不是杂合体的前概率各为1/2，但从该家系中可找到一个重要信息，即Ⅱ$_1$已40岁尚未发病。根据图的统计资料可见，Huntington舞蹈症杂合体(Aa)在40岁时致病基因表达即外显率为70%，20岁时外显率为10%，因此，Ⅱ$_1$是杂合体，40岁未发病的条件概率为3/10、Ⅱ$_1$不是杂合体，40岁未发病的条件概率为10/10，依次求出的联合概率分别为3/20和10/20；后概率分别为3/13和10/13。见图5-13。

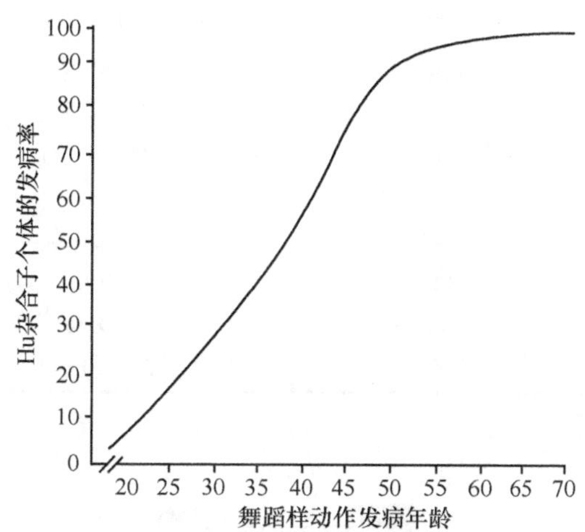

图5-13 Huntington舞蹈病发病年龄分布

然后，再计算Ⅲ$_1$是杂合体的概率。如表5-5所示，Ⅲ$_1$是杂合体的前概率是1/2×3/13=3/26，Ⅲ$_1$不是杂合体的前概率是23/26。Ⅲ$_1$是杂合体、20岁未发病的概率是90/100，Ⅲ$_1$不是杂合体20岁未发病的概率为100/100。依次求出的联合概率，分别为270/2600和2300/2600。后概率分别为270/2570=0.105和2300/2570=0.895。

表5-5 图中Ⅲ$_1$为携带者的概率

	Aa	aa		Aa	aa
前概率	1/2×3/13=3/26	23/26	联合概率	270/2600	2300/2600
条件概率	90/100	100/100	后概率	270/2570=0.105	2300/2570=0.895

因此，在此家系中，Ⅲ$_1$将来的发病风险，如按遗传规律计算为1/4，即0.25；若按Bayes法计算则仅为0.105，两者相差悬殊，即Bayes法推算的发病风险为准确可靠。

例三 常染色体隐性遗传病发病风险估计

现如肝豆状核变性为例，说明Bayes法在常染色体隐性遗传病中的应用。

肝豆状核变性(HLD)是一种常染色体隐性遗传病。铜在细胞中的过量累积是细胞病变的原因，患者在发病的早期(细胞未发生不可逆的病理变化前)用排铜药治疗，可达到临床痊愈。然而，按遗传规律来测算HLD患者同胞的再发危险率(为25%)的实际意义不大，临床生化检查(如血清铜、尿铜和血浆铜蓝蛋白的测定)在正常个体、HLD基因携带者及HLD患者之间呈相互重叠(见表5-6)，单独应用其中的某一指标都不能提高再发危险率评估的正确性，Bayes定理可综合每个生化指标所提供的信息，从而提高再发危险率评估的准确性。

表 5-6 HLD 三种不同性状在血浆铜蓝蛋白、血清铜和尿铜的分组中所占的比例

指标与分组	HLD 的三种不同状态		
	正常个体	杂合体	患者
血浆铜蓝蛋白(μmol/L)			
＜1.32	0.088(20)	0.0333(24)	0.991(106)
1.32～2.64	0.836(189)	0.583(42)	0.009(1)
＞2.64	0.075(17)	0.083(6)	0.000(0)
合计	1.000(*n*=226)	1.000(*n*=72)	1.000(*n*=107)
血清铜(μmol/L)			
＜9.42	0.004(1)	0.233(14)	0.967(97)
9.42～15.7	0.290(65)	0.533(32)	0.030(3)
＞15.7	0.705(158)	0.233(14)	0.010(1)
合计	1.000(*n*=224)	1.000(*n*=60)	1.000(*n*=101)
尿铜(μmol/24h)			
＜0.32	0.278(15)	0.147(5)	0.033(3)
0.32～1.28	0.630(34)	0.706(24)	0.044(4)
＞1.28	0.093(5)	0.147(5)	0.923(84)
合计	1.000(*n*=54)	1.000(*n*=34)	1.000(*n*=91)

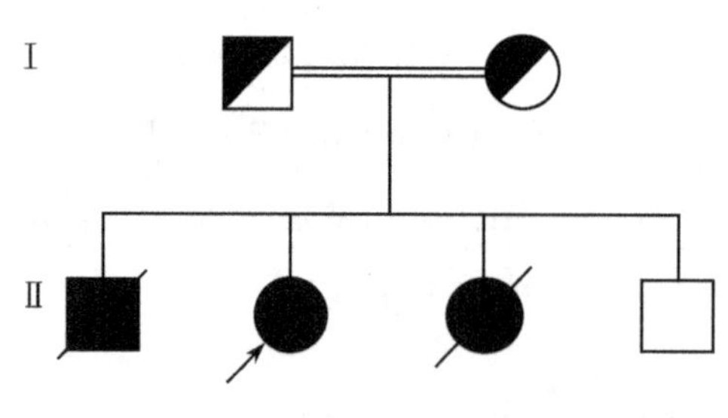

图 5-14 一个 HLD 系谱

一家系如图 5-14 所示，先证者及兄妹均为 HLD 患者，现要评估先证者之弟Ⅱ$_4$(目前临床正常)的再发危险率是多少？Ⅱ$_4$ 现为 7 岁，根据发病年龄与发病风险关系曲线，知其发病风险率为 0.766；血浆铜蓝蛋白为 1.15μmol/L，根据表 5-6，这一数值为正常个体、杂合子和(症状前)患者的条件概率分别为 0.088、0.333 和 0.991；血清铜为 13.0μ m ol/L，根据表 5-6，这一数值为正常个体、杂合子和(症状前)患者条件概率分别为 0.290、0.533 和 0.030；尿铜为 1.68μmol/24h，根据表 5-6，这一数值为正常个体、杂合子和(症状前)患者的条件概率分别为 0.093、0.147 和 0.923；另外遗传指标酯酶 D 的分析显示Ⅱ$_4$个体为正常个体、杂合子和(症状前)患者的条件概率为 0.500、0.000 和 0.500(表 5-7)。

根据 Bayes 定理的计算公式计算出Ⅱ$_4$个体为正常个体、杂合子和(症状前)患者的后概率，分别为 0.101、0.000 和 0.899，即Ⅱ$_4$个体再发危险率约为 90%，排除了其为杂合子的可能；该Ⅱ$_4$经 3 年随防后证实为 HLD 患者，并立即进行了相应治疗，使症状得以控制，维持正常的学习和日常生活(表 5-7)。

表 5-7 Ⅱ$_4$个体为正常个体、杂合子和(症状前)患者概率计算表

项目	正常个体	杂合子	(症状前)患者
前概率	0.250	0.500	0.250
条件概率			
血浆铜蓝蛋白	0.088	0.333	0.991

续表

项目	正常个体	杂合子	(症状前)患者
血清铜	0.290	0.533	0.030
尿铜	0.093	0.147	0.923
酯酶D	0.500	0.000	0.500
年龄/发病风险	1.000	1.000	0.766
联合概率	0.000 3	0.000 0	0.002 6
后概率	0.101	0.000	0.899

【作业与思考题】

(1)实验报告：通过 3 个系谱分析，计算各系谱的发病风险。

(2)什么是 Bayes 法？它在遗传咨询中有何作用？

（杨生玺）

实验五 临床遗传与优生咨询门诊见习

【目的要求】

(1)通过遗传和优生咨询门诊的见习，了解遗传咨询门诊的科室建设、仪器设备配置和人员组成情况。

(2)了解遗传咨询的一般过程和步骤，熟悉一些遗传病的临床检查和遗传学检查方法。

(3)学会询问病史和家族史，并进行系谱分析、确定遗传方式和遗传病再发风险估计。

【实验用品和材料】

(1)选择一所设备条件较好的遗传医学中心或三甲医院的遗传咨询门诊作为学生见习基地。

(2)学生应携带“医学遗传学”教材和实验指导及遗传与优生临床见习手册。

【方法与步骤】

(1)在教师带领下，参观遗传医学中心和遗传咨询门诊的办公室、细胞遗传室、生化遗传室、基因诊断室，教师讲解各实验室的仪器设备的名称、性能和用途。

(2)学生分组到遗传咨询门诊跟随咨询医生进行遗传咨询工作，见习遗传咨询的全过程。

(3)练习书写系谱分析报告，遗传病门诊病历。

【作业与思考题】

(1)实验报告：学生根据门诊所见遗传病的咨询情况，写一篇遗传分析报告。

(2)怎样对遗传病进行临床诊断？

(3)遗传病的特殊遗传学检查方法有哪些？

（王修海）

附　　录

附录一　核酸、蛋白质换算数据

一、质 量 换 算

$1\mu g = 10^{-6}g$
$1ng = 10^{-9}g$
$1pg = 10^{-11}g$
$1fg = 10^{-15}g$

二、分光光度换算

1 A260 双链 DNA = 50μg/ml
1 A260 单链 DNA = 33μg/ml
1 A260 单链 RNA = 40μg/ml

三、DNA 的摩尔换算

1μg 1000bp DNA = 1.52pmol = 3.03pmol
1μg pBR322 DNA = 0.36pmol
1μg 1000bp DNA = 0.66μg
1pmol pBR322 = 2.8μg
1 kb 双链 DNA（钠盐）= 6.6×10^5Da
1 kb 单链 DNA（钠盐）= 3.3×10^5Da
1 kb 单链 RNA（钠盐）= 3.4×10^5Da

四、蛋白质摩尔换算

100pmol 分子量 1 000 000 蛋白质 = 10μg
100pmol 分子量 50 000 蛋白质 = 5μg
100pmol 分子量 10 000 蛋白质 = 1μg
氨基酸的平均分子量 = 126.7Da

五、蛋白质/DNA 换算

1kb DNA = 333 个氨基酸编码容量 = 3.7×10^4 MW 蛋白质
10 000MW 蛋白质 = 270bp DNA
30 000MW 蛋白质 = 810bp DNA

50 000MW 蛋白质 = 1.35kb DNA
100 000MW 蛋白质 = 2.7kb DNA

附录二　常用染色液的配制

一、姬姆莎(Giemsa)染液

姬姆莎染色粉 1.0g，置于研体内，先加数毫升甘油，仔细研磨至呈无颗粒的糊状，加甘油至 66ml，放入 56℃保温箱中 2h，并不时研磨。待充分溶解后加 66ml 甲醇，混匀。密封避光保存。

二、瑞氏(Wright's)染液

瑞氏染色粉 1.0g，置于研体内，先加数毫升甲醇，充分研磨，将已溶解的溶液倒入瓶中，再向余渣加数毫升甲醇继续研磨，直至染色粉全部溶解，倒入瓶内，加甲醇至 60ml，密封避光保存。

三、瑞氏-姬姆莎染液

将瑞氏染液与姬姆莎染液 100：1 混合而成。

四、詹纳斯绿(Janus Green)染液

取 0.3g 詹纳斯绿染色粉溶于 1000ml 蒸馏水中。

附录三　细胞遗传学技术常用溶液的配制

一、细胞培养液

(1)按要求称取一定量的干粉培养基(如 RBMI-1640 为 10.4g)，溶于 750ml 蒸馏水中，加水至 1000ml。
(2)用除菌过滤漏斗(如烧结玻璃漏斗 G6 型)，过滤除去溶液中的细菌。
(3)分装在无菌瓶中，密封，4℃保存。
(4)使用前用无菌的 $NaHCO_3$ 溶液调整 pH 到所需值。

二、平衡盐溶液(BSS)(附表 3-1)

附表 3-1　平衡盐溶液

	PBS	Earle	Hank's	Dulbecco	D-Hank's
NaCl	8.00	6.80	8.00	8.00	8.00
KCl	0.20	0.40	0.40	0.20	0.40
$CaCl_2$	0.20	0.14	0.10	—	—
$MgCl_2 \cdot 6H_2O$	—	—	0.10	—	—

续表

	PBS	Earle	Hank's	Dulbecco	D-Hank's
$MgSO_4 \cdot 7H_2O$	—	0.20	0.20	—	—
$Na_2HPO_4 \cdot 2H_2O$	1.56	—	0.06	1.42	0.06
$NaH_2PO_4 \cdot H_2O$	—	0.14	—	—	—
KH_2PO_4	0.20	—	0.06	0.20	0.06
$NaHCO_3$	—	2.20	0.35	—	0.35
Glucose	—	1.00	1.00	—	—
Phenol red	—	0.03	0.02	0.22	0.02

常用缓冲液：

1. Tris 缓冲液　欲配制某一 pH 的 Tris 缓冲液，将 50mol/L 的 Tris 溶液与表中指出的 HCl 体积混合，加蒸馏水至 100ml（如附表 3-2）。

附表 3-2　不同 pH Tris 缓冲液的配制

pH（25℃）	0.1mol/l HCl（ml）	pH（25℃）	0.1mol/l HCl（ml）
7.10	45.7	8.10	26.2
7.20	44.7	8.20	22.9
7.30	43.4	8.30	19.9
7.40	42.0	8.40	17.2
7.50	40.3	8.50	14.7
7.60	38.5	8.60	12.4
7.70	36.6	8.70	10.3
7.80	34.5	8.80	8.5
7.90	32.0	8.90	7.0
8.00	29.2		

2. 磷酸缓冲液

（1）磷酸氢二钠-磷酸二氢钾缓冲液（Sorenson's PBS）

1）甲液：1/15mol/L KH_2PO_4 溶液：将 27.22g 的 KH_2PO_4 溶于 750ml 蒸馏水中，加水到 1000ml。

2）乙液：1/15mol/L Na_2HPO_4 溶液：将 71.6g 的 $Na_2HPO_4 \cdot 12H_2O$ 溶于 750ml 蒸馏水中，加水到 1000ml。

配制不同的 pH 溶液，按附表 3-3。

附表 3-3　不同 pH 的 Sorenson's PBS 溶液

pH	甲液（ml）	乙液（ml）	pH	甲液（ml）	乙液（ml）
5.9	90.2	9.8	7.0	38.8	61.2
6.0	87.7	12.3	7.1	33.0	67.0
6.3	78.8	21.2	7.2	27.4	72.6
6.5	68.7	31.3	7.3	22.3	77.7
6.6	62.8	37.2	7.4	18.2	81.8
6.7	57.0	43.0	7.5	14.8	85.2
6.8	50.8	49.2	7.6	13.2	86.8
6.9	44.8	55.2	7.7	10.6	89.4

(2)磷酸氢二钠-枸橼酸缓冲液(Mcllvaine's PBS)

1)甲液：0.2mol/L Na_2HPO_4溶液：将 28.4g Na_2HPO_4溶于 750ml 蒸馏水中，加水至1000ml。

2)乙液：0.1mol/L $C_8H_5O_7$溶液：将 21.01g $C_8H_5O_7 \cdot H_2O$ 溶于 750ml 蒸馏水中，加水至 1000ml。

配制不同 pH 溶液，可按附表 3-4。

附表 3-4　不同 pH 的 Mcllvaine's PBS 溶液

pH	甲液(ml)	乙液(ml)	pH	甲液(ml)	乙液(ml)
5.0	10.30	9.70	6.6	14.55	5.45
5.2	10.72	9.28	6.8	15.45	4.55
5.4	11.15	8.85	7.0	16.47	3.53
5.6	11.60	8.40	7.2	17.39	2.61
5.8	12.09	7.91	7.4	18.17	1.83
6.0	12.63	7.37	7.6	18.73	1.27
6.2	13.22	6.78	7.8	19.15	0.85
6.4	13.85	6.15	8.0	19.45	0.55

附录四　分子遗传学技术常用溶液的配制

1. 常用母液的配制

(1)30%丙烯酰胺溶液：称取 29g 丙烯酰胺和 1g 甲叉双丙烯酰胺于 60ml 水中，加热至 37℃溶解后，将体积调至 100ml，并用 0.45μm 孔径的滤膜过滤除菌，室温下储存于棕色瓶中。

(2)40%丙烯酰胺溶液：取 380g 丙烯酰胺和 20g 甲叉双丙烯酰胺，溶于 600ml 蒸馏水中，然后按照 30%丙烯酰胺的配制方法进行，最后用蒸馏水定溶至 1000ml。

(3)0.1mol/L ATP 溶液：溶解 60mg ATP 于 800ml 水中，用 0.1mol/L NaOH 调 pH 至7.0，再用蒸馏水定容至 1ml。分装成小份，储存于−70℃。

(4)10%过硫酸铵溶液：取 1g 过硫酸铵加水溶解至 10ml，此溶液可以在 4℃保存数周。

(5)0.5mol/L EDTA 溶液(pH 8.0)：称取 186.1g $EDTANa_2 \cdot 2H_2O$ 溶于 800ml 水中，用磁力搅拌器强烈搅拌。用 NaOH 调至 pH 8.0，分成小包装，高压灭菌。

(6)溴乙锭(EB)溶液(10mg/ml)：取 1g 溴乙锭溶于 100ml 水中，用磁力搅拌器搅拌数小时，确保染料溶解，将容器包被铝箔或转移到棕色瓶内，储存在 4℃。

(7)10% SDS 溶液：取 100g 电泳级 SDS 溶于 900 ml 水中。加热至 68℃促进溶解。加数滴 HCl 调 pH 至 7.2，将体积调至 1000ml，分成小份。

(8)磷酸盐缓冲液(PBS)：取 8g NaCl、0.2g KCl、1.44g Na_2HPO_4和 0.24g KH_2PO_4溶于800ml 蒸馏水中，用 HCl 调 pH 至 7.4，加水定容到 1000ml，分装，高压灭菌，室温保存。

(9)3mol/L NaAc 溶液(pH 5.6)：称取无水乙酸钠 49.2g，先加 140ml 双蒸水，加热使溶解，再用冰乙酸约 30ml 调至 pH 5.6，加双蒸水定容至 200ml，1.1kg/cm^2 灭菌 20min，置 4℃冰箱保存。

（10）5mol/L NaCl 溶液：称取 NaCl 292.2 g，先加 800ml 蒸馏水，搅拌溶解后，加双蒸水定容至 1000ml。103.4kPa 灭菌 20min，置 4℃冰箱保存。

（11）dNTPs 溶液：溶每种 dNTP 于水中，使浓度近 100mmol/L。用 0.05mol/L Tris 碱调 pH 至 7.0。

（12）1mol/L $MgCl_2$ 溶液：称取 203.3g $MgCl_2 \cdot 6H_2O$ 加水溶解至 800ml，待溶解后，定容至 1000ml，分装成小包装，高压灭菌。

（13）1.2%溴酚蓝溶液：称取溴酚蓝 240mg，加入双蒸水 20ml，至室温过夜自溶，待充分溶解后置 4℃冰箱保存。

2. 常用电泳缓冲液

（1）Tris-乙酸（TAE）：工作溶液：0.04mol/L Tris-乙酸、0.002mol/L EDTA；浓缩母液（50×）：每升含 Tris 242g、冰乙酸 51.7ml、0.5mol/L EDTA（pH8.0）100ml。

（2）Tris-磷酸（TPE）：工作溶液：0.08mol/L Tris-磷酸、0.008mol/L EDTA；浓缩母液（10×）：每升含 Tris 108g、85%（1.679mg/ml）108g、0.5mol/L EDTA 溶液（pH 8.0）40ml。

（3）Tris-硼酸（TBE）：工作溶液：0.089mol/L Tris-硼酸、0.089mol/L 硼酸溶液；浓缩母液（5×）：每升含 Tris 54g、硼酸 27.5g、0.05mol/L EDTA 溶液（pH 8.0）20ml。

3. PAGE 凝胶银染色法溶液

（1）固定液：10%乙醇溶液，0.5%冰乙酸溶液。取无水乙醇 50ml，冰乙酸 2.5ml，加双蒸水至 500ml。

（2）染色液：0.2%硝酸银溶液：取硝酸银 1g，加双蒸水 500ml，混合溶解。

（3）显色液：0.75% NaOH 溶液，0.2%甲醛溶液：取 NaOH3.75g，甲醛 2.5ml，加双蒸水至 500ml。

（王修海）

参考文献

李璞. 1999. 医学遗传学. 北京：北京医科大学中国协和医科大学联合出版社
林其燧，文庆成. 1990. 临床化学诊断方法大全. 北京：北京大学出版社
刘权章. 1992. 人类染色体方法学. 北京：人民卫生出版社
卢圣栋. 1993. 现代分子生物学实验技术. 北京：高等教育出版社
彭秀铃. 1997. 基因工程实验技术. 第2版. 长沙：湖南科学技术出版社
王培林. 2011. 医学遗传学. 第3版. 北京：人民卫生出版社
吴文彦. 1985. 医学遗传学生化方法. 北京：科学出版社
周本正. 1995. 医学技术实用全书. 北京：北京科学技术出版社